LE SOPHISTE

ou

De l'Être

Traduction : Victor COUSIN

Ici, comme pour le *Cratyle* , nous avons eu l'édition d'Heindorf, les éditions générales de Beltker et de Ast, et la traduction allemande de Schleiermacher.

(Note Victor Cousin, édition 1837)

Ce dialogue, si important pour l'histoire de la philosophie ancienne, antérieure à Platon, et si peu exploité par les historiens, est paru en français pour la première fois dans cette édition de 1837.

Interlocuteurs :

THÉODORE [1123] , *THÉÉTÈTE* [1124] , *UN ÉTRANGER D'ÉLÉE* [1125] ,
SOCRATE [1126] .

THÉODORE.

Ainsi que nous en sommes convenus hier, Socrate, nous arrivons ponctuellement, Théétète et moi ; et voici un étranger que nous amenons avec nous. Natif d'Élée, il est de l'école de Parménide et de Zénon : c'est un philosophe.

SOCRATE.

Eh que sais-tu, cher Théodore, si, au lieu d'un étranger, ce n'est pas un dieu que tu nous amènes, suivant ce que dit Homère : que les dieux, et surtout celui qui protège les étrangers, se sont faits maintes fois les compagnons des mortels justes et vertueux, pour venir observer les iniquités et la bonne conduite des hommes [1127] . Ainsi, il se pourrait bien que tu eusses en ce moment pour compagnon quelqu'un de ces êtres supérieurs, qui serait venu examiner par lui-même et réfuter nos misérables raisonnements, une sorte de dieu de la réfutation.

THÉODORE.

Non, Socrate, ce n'est pas là le caractère de cet étranger ; il est plus indulgent que les disputeurs de profession. Quant à moi, si je ne vois pas un dieu en lui, du moins je le tiens pour divin ; je tiens pour tel tout philosophe.

SOCRATE.

Et tu as raison, mon ami. Je crains seulement que cette race d'hommes ne soit guère plus facile à reconnaître que là race même des dieux. Ces personnages (je ne parle pas des faux philosophes, mais des vrais) voyagent de ville en ville, en laissant tomber d'en haut leurs regards sur la vie qu'on mène en ces régions inférieures, et ignorance les fait paraître sous des aspects très divers. Les uns ne font d'eux aucun cas, les autres en font un cas infini. Ils semblent à ceux-ci des politiques, à ceux-là des sophistes. Enfin il y a des gens qui les prennent tout simplement pour des fous achevés. Sur quoi, je demanderais volontiers à notre étranger, avec son agrément, comment on considère et comment on nomme tout cela dans son pays.

THÉODORE.

De quoi veux-tu parler ?

SOCRATE.

Du sophiste, du politique et du philosophe.

THÉODORE.

Mais qu'y a-t-il là qui t'embarrasse et qui te suggère cette question ?

SOCRATE.

Le voici : je voudrais savoir si, chez notre hôte, tous ces noms représentent un seul objet ou deux, ou bien encore, puisqu'il y a trois noms, si, distinguant de même trois classes d'individus, on attache à chaque nom séparément une idée particulière.

THÉODORE.

Il ne peut avoir aucune raison, ce me semble, de nous refuser cet éclaircissement. N'est-il pas vrai, étranger ?

L'ÉTRANGER.

Non, Théodore, je n'en ai aucune, et il n'est pas difficile de répondre que ce sont chez nous trois classes distinctes ; mais de déterminer nettement ce qu'est chacune de ces classes, c'est une besogne qui n'est pas si petite ni si aisée.

THÉODORE.

C'est un heureux hasard, Socrate, qui t'a fait tomber à peu près sur les mêmes questions que nous lui avions adressées avant de nous rendre ici ; et il nous avait déjà fait la même réponse, Il avoue qu'il a souvent entendu établir cette distinction, et qu'il ne l'a pas oubliée.

SOCRATE.

En ce cas, étranger, pour le premier service que nous te demandons, nous ne saurions éprouver de ta part un refus. Seulement, dis-nous d'abord si tu as coutume de présenter et de développer toi-même tes arguments, ou bien si tu préfères la méthode des interrogations, méthode dont j'ai vu Parménide tirer les plus beaux discours du monde, à une époque où j'étais bien jeune encore, et lui très avancé en âge.

L'ÉTRANGER.

Celle-ci est plus commode, Socrate, avec un interlocuteur facile et de bonne composition ; autrement il vaut mieux parler seul.

SOCRATE.

Eh bien ! tu n'as qu'a choisir celui de nous qu'il te plaira ; tu peux compter sur notre docilité à tous ; mais, si tu veux t'en rapporter à moi, tu choisiras quelqu'un des moins âgés, ce jeune Théétète, par exemple, ou tout autre à ton gré.

L'ÉTRANGER.

Je t'avoue, Socrate, que j'ai quelque honte, pour la première fois que je me trouve en cette compagnie, de voir qu'au lieu d'un entretien, où un mot amène l'autre, il faut que j'entre dans une discussion longue et serrée, et que je la soutienne, soit seul, soit avec un autre, comme si je faisais une démonstration publique ; car, dans le fait, la question n'est pas si facile qu'on pourrait le croire au premier abord ; elle exige, au contraire, un long développement. D'un autre coté, refuser de te complaire, ainsi qu'à tes, amis, surtout après ce que tu mas dit, il me semble que ce serait en user mal avec des hôtes et d'une façon peu civile ; d'autant plus que j'accepte avec grand plaisir Théétète pour interlocuteur, d'après l'entretien que j'ai eu tout à l'heure avec lui, et sur l'invitation que tu me fais maintenant.

THÉÉTÈTE.

Mais, étranger, es-tu bien sûr que de cette manière tu rendes service à toute la compagnie, comme disait Socrate ?

L'ÉTRANGER.

Il paraît, Théétète, qu'il n'y a plus rien à dire là-dessus ; c'est à toi que je dois m'adresser ; et si à la longue tu te fatigues, ce n'est pas à moi, mais à tes amis qu'il faudra t'en prendre.

THÉÉTÈTE.

J'espère bien ne pas perdre courage ; mais s'il en arrivait autrement, nous prendrions pour me soutenir le Socrate que voici, qui a de commun avec Socrate le nom qu'il porte, et avec moi d'être de mon âge et mon compagnon de gymnastique ; il est accoutumé à partager presque toutes mes fatigues.

L'ÉTRANGER.

Fort bien ; c'est à quoi tu aviseras à part toi dans la suite de l'entretien

; mais, à nous deux, il faut, je crois, que nous commencions par le sophiste, que nous cherchions avant tout et que nous tâchions d'expliquer ce que c'est ; car jusqu'ici nous ne sommes d'accord que sur le nom, et peut-être chacun de nous se fait-il de la chose une idée différente. Or, il vaut toujours mieux être d'accord sur la chose, en la définissant, que sur le nom qu'on n'a pas défini. Mais ce n'est pas l'affaire la plus aisée, que de déterminer, comme nous entreprenons de le faire, ce que c'est que cette espèce d'hommes qu'on appelle le sophiste. Dans toutes les grandes entreprises de ce genre qu'on veut mener à fin, je vois que de tous temps tout le monde a été d'avis de s'essayer d'abord sur des objets plus petits avant d'en venir aux plus grands. Si donc, Théétète, la définition du sophiste nous paraît à tous deux épineuse et difficile à trouver, je suis d'avis que nous préludions à cette recherche par quelque autre plus facile, à moins que tu n'aies à proposer un chemin plus commode.

THÉÉTÈTE.

Je n'en vois pas.

L'ÉTRANGER.

En ce cas, veux-tu que nous mettions en avant quelque question peu relevée qui nous serve de modèle pour l'autre ?

THÉÉTÈTE.

Volontiers.

L'ÉTRANGER.

Eh bien ! que prendrons-nous qui soit de peu d'importance et facile à connaître, et qui pourtant n'ait pas moins besoin d'explication que des choses plus considérables ? Le pécheur à l'hameçon, par exemple ; chacun sait ce que c'est ; il n'y a pas là de quoi se creuser la tête.

THÉÉTÈTE.

Non, assurément

L'ÉTRANGER.

J'espère cependant que cet exemple nous mettra sur la voie d'une méthode convenable à notre dessein.

THÉÉTÈTE.

Ce serait le mieux du monde.

L'ÉTRANGER.

Voyons donc, et commençons par ceci. Dis-moi si nous devons

considérer ce pêcheur, comme un artiste ou comme un homme étranger à toute espèce d'art, mais possédant quelque autre puissance.

THÉÉTÈTE.

On ne peut pas dire que ce soit un homme étranger à toute espèce d'art.

L'ÉTRANGER.

Mais on peut, ce semble, partager tous les arts en deux espèces.

THÉÉTÈTE.

Comment cela ?

L'ÉTRANGER.

L'agriculture et tous les travaux appliqués à des corps qui vivent et qui meurent ; ensuite ceux qui composent et façonnent tout ce qu'on appelle ustensiles ; enfin les arts d'imitation : ce sont là toutes choses que l'on peut avec grande raison désigner par un seul et même nom.

THÉÉTÈTE.

Comment et quel est ce nom ?

L'ÉTRANGER.

Toutes les fois que quelqu'un fait venir à l'être ce qui auparavant n'était pas, nous appelons cela faire, pour ce qui fait venir à l'être, être fait, pour ce qui y vient.

THÉÉTÈTE.

Fort bien.

L'ÉTRANGER.

Et c'est en cela même que consiste le pouvoir des arts que nous venons d'énumérer.

THÉÉTÈTE.

Il est vrai.

L'ÉTRANGER.

On pourrait donc les comprendre tous sous le nom de l'art de faire.

THÉÉTÈTE.

Soit.

L'ÉTRANGER.

D'un autre côté, l'art d'enseigner, celui d'apprendre, l'art du gain, du combat, de la chasse, ne façonnant et ne fabriquant rien, mais se rapportant aux choses déjà existantes et toutes faites, qu'ils nous procurent par des raisonnements et des actions ou qu'ils défendent contre ceux qui voudraient nous les prendre, il semble qu'on peut les comprendre tous ensemble sous le titre de l'art d'acquérir.

THÉÉTÈTE.

Oui, cela me paraît juste.

L'ÉTRANGER.

Tout art étant donc destiné ou à faire ou à acquérir, de quel côté plaçons-nous la pèche à la ligne ?

THÉÉTÈTE.

Dans l'art d'acquérir, cela est évident.

L'ÉTRANGER.

Mais n'y a-t-il pas deux espèces d'acquisition, l'une par consentement mutuel, comme les dons, les marchés, les salaires ; l'autre par force, soit au moyen des paroles, soit au moyen des actions, et qu'on pourrait appeler l'acquisition violente ?

THÉÉTÈTE.

Je le crois, d'après ce que nous avons dit tout à l'heure.

L'ÉTRANGER.

Maintenant l'acquisition violente ne se divise-t-elle pas en deux ?

THÉÉTÈTE.

Comment ?

L'ÉTRANGER.

En distinguant l'acquisition violente à force ouverte, par le combat, et l'acquisition violente par ruse, c'est-à-dire la chasse.

THÉÉTÈTE.

Soit.

L'ÉTRANGER.

Mais cette dernière on aurait tort de ne pas la diviser en deux espèces.

THÉÉTÈTE.

Lesquelles ?

L'ÉTRANGER.

L'une s'attachant à des objets sans vie, l'autre à des êtres animés.

THÉÉTÈTE.

Et pourquoi non ? L'une et l'autre sont réelles.

L'ÉTRANGER.

Assurément. Quant à la chasse aux objets inanimés, il faut la laisser de

coté, comme n'ayant pas de nom particulier, à l'exception de quelques parties de l'art des plongeurs et autres bagatelles semblables ; mais la chasse aux êtres animés, nous rappellerons chasse aux animaux.
THÉÉTÈTE.

Bien.

L'ÉTRANGER.

Et ne peut-on partager encore en deux espèces la chasse aux animaux ? l'une pour les animaux marcheurs, qui se diviserait à son tour en un grand nombre d'espèces, avec des noms divers, ou la chasse sur terre ; l'autre, pour les animaux nageurs, ou la chasse dans l'élément fluide.
THÉÉTÈTE.

Soit
L'ÉTRANGER.

Et dans le genre nageur, nous distinguons l'espèce volatile de l'espèce aquatique ?
THÉÉTÈTE.

Sans contredit.
L'ÉTRANGER.

Et nous appelons toute chasse aux volatiles, chasse aux oiseaux ?
THÉÉTÈTE.

Oui.
L'ÉTRANGER.

Et pèche, en général, la chasse aux animaux aquatiques ?
THÉÉTÈTE.

Oui.
L'ÉTRANGER.

Celle-ci n'offre-t-elle pas, à son tour, deux espèces distinctes ?

THÉÉTÈTE.

Lesquelles ?
L'ÉTRANGER.

Celle où l'on se sert seulement de rets pour prendre sa proie, et celle où on la blesse.
THÉÉTÈTE.

Voyons, comment établis-tu cette distinction ?

L'ÉTRANGER.

Tout ce qui embrasse et enveloppe une chose pour la retenir, rentre naturellement dans la dénomination de rets.

THÉÉTÈTE.

C'est juste.

L'ÉTRANGER.

Or les nasses, les filets, les lacs, les paniers, peut-on les appeler autrement que des rets ?

THÉÉTÈTE.

Non, sans doute.

L'ÉTRANGER.

Nous appellerons donc cette partie de la chasse la pèche avec des rets ?

THÉÉTÈTE.

Fort bien.

L'ÉTRANGER.

Et l'autre espèce, celle où l'on se sert d'hameçons et de harpons, ne ferons-nous pas bien de l'appeler, par exemple, la pêche avec du fer, ou bien as-tu quelque autre nom plus élégant à lui donner. Théétète ?

THÉÉTÈTE.

Ne nous inquiétons pas du nom ; celui-ci suffit

L'ÉTRANGER.

Maintenant la pèche, avec du fer, la nuit et à la lueur des flambeaux, s'appelle, je crois » chez les gens du métier, pèche à la lumière.

THÉÉTÈTE.

Justement.

L'ÉTRANGER.

Et celle du jour, pour laquelle ils s'arment de crocs attachés au bout d'un bâton, et de harpons, est appelée en général la pèche avec des crocs.

THÉÉTÈTE.

En effet.

L'ÉTRANGER.

Mais, dans ce genre de pêche avec du fer, qui se fait avec des crocs, lorsqu'on blesse sa proie de haut en bas, on appelle cela pèche au harpon, parce que c'est ainsi qu'on se sert des harpons.

THÉÉTÈTE.

Il est vrai ; cela se dit ainsi.

L'ÉTRANGER.

L'autre procédé fait une espèce à part.

THÉÉTÈTE.

Lequel ?

L'ÉTRANGER.

Lorsque, pour blesser le poisson, on s'y prend d'une manière tout opposée, à l'aide de l'hameçon, pour l'atteindre non plus comme avec le harpon en un endroit quelconque du corps, mais seulement par la tête et par le gosier, et qu'on le tire au bout d'une baguette ou d'un roseau, au rebours de l'autre façon, et de bas en haut ; eh bien ! Théétète, comment disons-nous que cela s'appelle ?

THÉÉTÈTE.

Il me semble que nous voilà maintenant arrivés à ce que nous cherchions.

L'ÉTRANGER.

Maintenant donc nous ne nous accordons plus seulement sur le nom de la pêche à l'hameçon ; nous avons suffisamment expliqué et défini la chose. En divisant en deux parties l'art en général, nous y avons trouvé l'art d'acquérir ; dans l'art d'acquérir, l'art d'acquérir par violence ; dans l'art d'acquérir par violence, la chasse ; dans la chasse, la chasse aux animaux ; dans la chasse aux animaux, la chasse dans le fluide ; dans cette dernière espèce de chasse, nous avons pris la division inférieure, qui est la pêche ; dans la pêche, la pêche avec du fer ; dans la pêche avec du fer, la pêche avec des crocs ; enfin l'espèce de la pêche avec des crocs, qui consiste à blesser le poisson en le tirant de bas en haut, empruntant son nom à ces circonstances mêmes, s'est appelée la pêche à l'hameçon.

THÉÉTÈTE.

Voilà, certes, qui est suffisamment bien établi.

L'ÉTRANGER.

Eh bien ! essaierons-nous de trouver, d'après ce modèle, ce que c'est que le sophiste ?

THÉÉTÈTE.

Certainement.

L'ÉTRANGER.

Notre première question au sujet du pêcheur à l'hameçon, n'a-t-elle pas été si nous devions le considérer comme un ignorant, ou bien comme un homme qui possède un art ?

THÉÉTÈTE.

Oui.

L'ÉTRANGER.

Et maintenant, Théétète, devons-nous considérer le sophiste comme un ignorant, ou bien, au contraire, comme un sophiste véritable ?

THÉÉTÈTE.

Un ignorant ! non certes. Je comprends ce que tu veux dire : celui qui porte le nom de sophiste doit l'être en effet.

L'ÉTRANGER.

Ainsi nous reconnaissons qu'il doit nécessairement posséder un certain art ?

THÉÉTÈTE.

Mais lequel ?

L'ÉTRANGER.

Par les dieux ! ne nous sommes-nous donc pas aperçu que notre homme est de la famille de l'autre ?

THÉÉTÈTE.

De quel homme parles-tu, et de quel autre ?

L'ÉTRANGER.

Du sophiste et du pêcheur à l'hameçon.

THÉÉTÈTE.

Comment cela ?

L'ÉTRANGER.

Tous deux m'ont l'air d'être des chasseurs.

THÉÉTÈTE.

Quelle est la chasse de notre homme ? Car pour l'autre, nous l'avons dit.

L'ÉTRANGER.

Nous avons, n'est-ce pas, divisé la chasse en deux espèces : la chasse aux animaux nageurs et la chasse aux animaux marcheurs ?

THÉÉTÈTE.

 Oui.

L'ÉTRANGER.

 Dans la chasse aux animaux nageurs, nous avons parcouru les divisions de la partie qui se rapporte aux animaux aquatiques. Mais nous avons laissée indivise la chasse aux animaux marcheurs, tout en observant qu'elle renferme beaucoup d'espèces.

THÉÉTÈTE.

 Il est vrai.

L'ÉTRANGER.

 Jusque là, à partir de l'art d'acquérir, le sophiste et le pêcheur à la ligne sont allés de compagnie ?

THÉÉTÈTE.

 Il semble.

L'ÉTRANGER.

 Mais ils se séparent à la chasse aux animaux : l'un prend le chemin de la mer, des rivières et des lacs pour y chasser les animaux qu'ils contiennent.

THÉÉTÈTE.

 Oui.

L'ÉTRANGER.

 L'autre se tourne vers la terre, vers d'autres fleuves tout différents, et, pour ainsi dire, vers les champs féconds de la richesse et de la jeunesse, pour s'emparer de ce qu'ils nourrissent.

THÉÉTÈTE.

 Que veux-tu dire ?

L'ÉTRANGER.

 La chasse sur terre offre deux grandes espèces distinctes.

THÉÉTÈTE.

 Lesquelles ?

L'ÉTRANGER.

 La chasse des animaux apprivoisés, et la chasse aux bêtes sauvages.

THÉÉTÈTE.

 Est-ce qu'il y a une chasse aux animaux apprivoisés ?

L'ÉTRANGER.

Oui, si l'homme est un animal cette espèce ; mais choisis l'hypothèse que tu voudras : ou qu'il n'y a point absolument d'animaux apprivoisés, ou qu'il y en a, mais que l'homme est de l'espèce sauvage, ou bien encore en le prenant pour un animal apprivoisé, qu'il n'y a point de chasse aux hommes. Explique-toi sur celle de ces idées que tu préférée adopter.

THÉÉTÈTE.

Non, étranger, j'avoue et que nous sommes des animaux, apprivoisés et qu'il y a une chasse aux hommes.

L'ÉTRANGER.

Reconnaissons donc aussi deux espèces de chasse aux animaux apprivoisés.

THÉÉTÈTE.

Comment ?

L'ÉTRANGER.

De la piraterie, de la capture des esclaves, de la tyrannie, et de tous les arts de la guerre, formons un tout que nous appellerons la chasse violente.

THÉÉTÈTE.

Bien.

L'ÉTRANGER.

De la chasse dans les tribunaux, dans les assemblées populaires et dans les conversations, nous ferons un autre tout, qui sera l'art de la chasse par la persuasion.

THÉÉTÈTE.

Très bien.

L'ÉTRANGER.

Mais la chasse par la persuasion se divise aussi en deux genres.

THÉÉTÈTE.

Lesquels ?

L'ÉTRANGER.

La chasse publique et la chasse privée.

THÉÉTÈTE.

 Soit.

L'ÉTRANGER.

 La chasse privée comprend deux espèces ; l'une où l'on poursuit un salaire, l'autre où l'on fait des dons.

THÉÉTÈTE.

 Je ne comprends pas.

L'ÉTRANGER.

 Il paraît que tu n'as jamais fait attention à la chasse des amants.

THÉÉTÈTE.

 Comment ?

L'ÉTRANGER.

 C'est qu'ils font des cadeaux à ceux qui sont l'objet de leur chasse.

THÉÉTÈTE.

 Tu as raison.

L'ÉTRANGER.

 Cette espèce de la chasse privée sera donc celle de l'amour ?

THÉÉTÈTE.

 Oui.

L'ÉTRANGER.

 Quant à la chasse où l'on cherche un salaire, il y en a une espèce où le chasseur se concilie les gens par des caresses, emploie le plaisir pour amorce, sans demander d'autre salaire que sa propre nourriture ; c'est la flatterie, que nous nous accorderons tous, je crois, à appeler un art de procurer du plaisir.

THÉÉTÈTE.

 A la bonne heure.

L'ÉTRANGER.

 Mais cette autre espèce de chasse, qui prétend ne chercher la conversation des gens que pour leur enseigner la vertu, et qui veut son salaire en argent comptant, n'est-ce pas bien la peine de la distinguer par un autre nom ?

THÉÉTÈTE.

 Oui, certes.

L'ÉTRANGER.

Et lequel ? Tâche de me le dire.

THÉÉTÈTE.

C'est clair. Voilà le sophiste trouvé, à ce qu'il paraît. Quant à moi du moins, en le nommant ici, je crois rencontrer le mot propre.

L'ÉTRANGER.

Ainsi, Théétète, il résulte de tout ce que nous venons de dire, que par la sophistique il faut entendre l'art de s'approprier, d'acquérir avec violence, à la chasse aux animaux marcheurs, terrestres et apprivoisés, à la chasse de l'espèce humaine, chasse privée, qui poursuit un salaire, un salaire payable en argent comptant, et qui prend, par l'appât trompeur de la science, des jeunes gens riches et de distinction.

THÉÉTÈTE.

C'est tout à fait cela.

L'ÉTRANGER.

Considérons encore la chose d'un autre coté ; car l'art qu'exerce le personnage dont nous nous occupons n'est pas un art de peu de conséquence, mais divers et compliqué. En effet, après toutes les formes que nous venons de voir paraître, le voilà qui en prend une toute différente et relative à un tout autre genre que celui où nous venons de le ranger.

THÉÉTÈTE.

Comment cela ?

L'ÉTRANGER.

Nous avons dit que l'art d'acquérir comprend deux espèces : l'acquisition par la chasse et l'acquisition par consentement mutuel.

THÉÉTÈTE.

Oui.

L'ÉTRANGER.

Distinguons maintenant deux espèces d'acquisitions par consentement ; l'acquisition par donation, et l'acquisition par achat et commerce.

THÉÉTÈTE.

D'accord.

L'ÉTRANGER.

Nous partagerons de même en deux cette dernière espèce

d'acquisition.

THÉÉTÈTE.

Comment ?

L'ÉTRANGER.

Le commerce de première main, où l'on vend ce qu'on a fabriqué soi-même ; le commerce de seconde main, où l'on vend les produits des autres.

THÉÉTÈTE.

Fort bien.

L'ÉTRANGER.

Maintenant, une moitié, ou peu s'en faut, du commerce de seconde main n'est-elle pas le débit qui se fait dans chaque ville, et qu'on appelle le commerce de détail ?

THÉÉTÈTE.

Oui.

L'ÉTRANGER.

Et le commerce qui va faire ses ventes et ses achats d'une ville à l'autre, ne s'appelle-t-il pas le négoce ?

THÉÉTÈTE.

Eh bien ?

L'ÉTRANGER.

Or, ne voyons-nous pas qu'une partie des négociants vend ou achète pour de l'argent ce qui sert à la nourriture et à l'usage du corps, et une autre partie ce qui sert à l'âme ?

THÉÉTÈTE.

Que veux-tu dire ?

L'ÉTRANGER.

C'est sans doute la partie qui concerne l'âme que nous ne voyons pas bien ; car pour l'autre, rien de plus clair.

THÉÉTÈTE.

Oui, sans doute.

L'ÉTRANGER.

Ne pouvons-nous donc pas dire que l'art de la musique en tout genre, qui s'importe et s'exporte, se vend et s'achète d'une ville à l'autre, l'art du dessin, celui des prestiges, et mille autres choses qui s'expédient et se vendent pour le service de l'âme, soit pour l'amuser, soit pour l'occuper sérieusement, ont véritablement leurs négociants, tout aussi bien que les grains et les boissons ?

THÉÉTÈTE.

Cela est très vrai.

L'ÉTRANGER.

Ainsi tu appliqueras ce même nom de négociant à celui qui achète partout des connaissances et les échange ensuite de ville en ville pour de l'argent ?

THÉÉTÈTE.

Assurément.

L'ÉTRANGER.

Dans ce négoce des choses de l'âme, une branche pourrait très bien s'appeler l'exhibition des objets de parade et de luxe ; l'autre branche devrait avoir également un nom assez bizarre, mais enfin approprié à la chose, qui est la vente des connaissances.

THÉÉTÈTE.

Mais cela serait fort juste.

L'ÉTRANGER.

Dans ce commerce de connaissances, la partie qui s'occupe des connaissances relatives à tous les autres arts, et celle qui s'occupe des connaissances relatives à la vertu, doivent recevoir deux noms différents.

THÉÉTÈTE.

Sans contredit.

L'ÉTRANGER.

Soit donc la première le commerce des choses d'art. Tâche de trouver toi-même un nom pour la seconde.

THÉÉTÈTE.

Et quel autre nom pourrait-on lui donner justement que celui du sujet même de notre recherche, la sophistique ?

L'ÉTRANGER.

Aucun autre ; résumons-nous donc en disant que la seconde forme sous laquelle la sophistique nous est apparue, c'est celle de l'art d'acquérir à l'amiable par le commerce, [224d] le commerce extérieur ou négoce, le négoce des choses de l'âme, vendant des discours et des connaissances relatives à la vertu.

THÉÉTÈTE.

A merveille.

L'ÉTRANGER.

En troisième lieu, s'il s'agissait d'un homme établi à demeure dans sa ville, marchand et fabricant à la fois des connaissances en question, et gagnant sa vie à ce métier, nous n'hésiterions pas à lui donner le même nom ?

THÉÉTÈTE.

Sans doute.

L'ÉTRANGER.

Ainsi tu appelleras toujours sophistique, à ce qu'il paraît, l'art d'acquérir à l'amiable par le commerce, soit qu'on fabrique ou qu'on ne fabrique pas soi-même les objets de son trafic, pourvu que ces objets soient les connaissances que nous avons dites ?

THÉÉTÈTE.

Nécessairement ; car il faut bien être conséquent.

L'ÉTRANGER.

Voyons encore si le genre dont nous cherchons les caractères, ne se rapporte pas à quelque autre de nos divisions.

THÉÉTÈTE.

A laquelle ?

L'ÉTRANGER.

Dans l'art d'acquérir, nous avons distingué l'acquisition par voie de combat.

THÉÉTÈTE.

Oui.

L'ÉTRANGER.

Il ne serait pas mal de la partager à son tour en deux espèces.

THÉÉTÈTE.

Lesquelles, dis-moi ?

L'ÉTRANGER.

Le combat pour l'honneur, et le combat sérieux.

THÉÉTÈTE.

 Soit.

L'ÉTRANGER.

 Dans le combat sérieux, celui qui se fait corps à corps serait assez bien caractérisé par le nom de violent

THÉÉTÈTE.

 Oui.

L'ÉTRANGER.

 Et celui qui se fait de discours à discours, comment l'appellera-t-on, Théétète, [225b] si ce n'est controverse ?

THÉÉTÈTE.

 Pas autrement.

L'ÉTRANGER.

 Or, le genre de la controverse doit être considéré comme double.

THÉÉTÈTE.

 Comment ?

L'ÉTRANGER.

 Si l'on procède par longs discours opposés à longs discours, en public, et sur le juste et l'injuste, c'est la controverse judiciaire.

THÉÉTÈTE.

 Oui.

L'ÉTRANGER.

 Si, au contraire, c'est un discours entre particuliers, entre coupé de demandes et de réponses, le nom que nous avons coutume de lui donner, n'est-il pas celui de dispute ?

THÉÉTÈTE.

 En effet

L'ÉTRANGER.

 Quant à cette sorte de dispute qui porte sur des transactions, mais qu'on pratique sans art, il faut bien en faire une espèce à part, puisqu'on y a attaché avec raison une idée particulière ; mais jusqu'ici on ne lui a pas donné de nom, et ce n'est pas la peine que nous lui en cherchions   un.

THÉÉTÈTE.

Tu as raison ; cette espèce renferme un trop grand nombre de petites subdivisions.

L'ÉTRANGER.

Mais la dispute que l'on traite avec art, et qui roule sur le juste et l'injuste et autres choses de ce genre, n'est-ce pas discussion que nous l'appelons d'ordinaire ?

THÉÉTÈTE.

Si fait.

L'ÉTRANGER.

Mais il y a des discussions qui ruinent, et d'autres qui enrichissent.

THÉÉTÈTE.

Cela est très certain.

L'ÉTRANGER.

Tâchons donc de qualifier par leur vrai nom chacune de ces deux espèces.

THÉÉTÈTE.

Oui, cela est nécessaire.

L'ÉTRANGER.

La discussion qui n'a d'autre but que le plaisir même de discuter, en nous faisant négligerais nos propres affaires, sans être, quant à l'effet oratoire, fort agréable à la plupart des auditeurs, il me semble qu'elle ne peut s'appeler autrement que bavardage

THÉÉTÈTE.

C'est bien aussi le nom qu'on lui donne.

L'ÉTRANGER.

Quant aux discussions que l'on institue en particulier pour y gagner de l'argent, essaie à ton tour d'en trouver le nom.

THÉÉTÈTE.

Pour le coup, il n'y a pas à s'y tromper : voici venir encore pour la quatrième fois notre singulier personnage, le sophiste que nous cherchons.

L'ÉTRANGER.

Ainsi l'art du sophiste n'est autre chose que l'art de gagner de l'argent par la discussion, qui lui-même fait partie de celui de la dispute, de la controverse, des combats et par conséquent de l'art d'acquérir, comme déjà nous l'avons trouvé.

THÉÉTÈTE.

C'est évident.

L'ÉTRANGER.

Tu le vois, on a bien raison de dire que le sophiste est un animal changeant et qui ne se laisse pas prendre, comme on dit, d'une seule main.

THÉÉTÈTE.

Eh bien ! mettons-y les deux mains.

L'ÉTRANGER.

C'est ce qu'il nous faut faire, et de toutes nos forces ; car voici une nouvelle trace pour le suivre. Dis-moi, ne nous servons-nous pas de certains termes de service domestique ?

THÉÉTÈTE.

D'une infinité ; mais, dans le nombre, desquels veux-tu parler ?

L'ÉTRANGER.

Par exemple, des mots clarifier, cribler, vanner, trier.

THÉÉTÈTE.

Nul doute qu'on ne s'en serve.

L'ÉTRANGER.

De plus, il y en a une foule d'autres, comme carder, filer, tisser, dont nous savons qu'on se sert aussi dans les arts. N'est-il pas vrai ?

THÉÉTÈTE.

Mais, dans quel dessein me questionnes-tu sur tous ces exemples ?

L'ÉTRANGER.

Tous, n'est-il pas vrai, se rapportent à l'opération de démêler une chose d'avec une autre ?

THÉÉTÈTE.

Oui.

L'ÉTRANGER.

En ce cas, suivant ma méthode, nous pouvons les considérer tous comme se rapportant à un seul et même art, et les réunir sous une dénomination commune.

THÉÉTÈTE.

Et laquelle ?

L'ÉTRANGER.

L'art de démêler.

THÉÉTÈTE.

Soit.

L'ÉTRANGER.

Examine si nous ne pouvons pas distinguer dans cet art deux espèces.

THÉÉTÈTE.

Mais tu demandes un examen bien prompt pour moi.

L'ÉTRANGER.

Vois pourtant : dans certaines de ces opérations, on sépare le meilleur d'avec le pire, et dans les autres, le semblable d'avec le semblable.

THÉÉTÈTE.

A présent que tu l'as dit, je le comprends.

L'ÉTRANGER.

Pour la seconde de ces deux manières de démêler, je ne lui vois point de nom particulier dans la langue ; j'en vois un, au contraire, pour celle qui retranche le pire et garde le meilleur.

THÉÉTÈTE.

Lequel, dis-moi ?

L'ÉTRANGER.

Toute opération de ce genre, si je ne me trompe, s'appelle communément épuration,

THÉÉTÈTE.

C'est en effet, le mot en usage.

L'ÉTRANGER.

Eh bien ! tout le monde n'apercevrait-il pas deux espèces dans l'art d'épurer ?

THÉÉTÈTE.

Peut-être bien, en prenant le temps d'y penser ; car pour le moment je ne le vois point.

L'ÉTRANGER.

Cependant il est naturel de comprendre sous un seul et même nom les différentes espèces d'épuration qui se rapportent au corps.

THÉÉTÈTE.

Quelles espèces, et quel nom ?

L'ÉTRANGER.

D'abord, les épurations qui se pratiquent sur le corps des êtres, animés, soit à l'intérieur, comme celles qu'opèrent la gymnastique et la médecine, soit à l'extérieur, comme toutes celles qui se rapportent à l'art du baigneur et ne méritent pas qu'on, s'y arrête ; ensuite les épurations qu'on pratique sur des objets inanimés, par exemple, le lavage, et toutes les opérations de nettoiement qui comprennent une foule de menus soins sous des noms qui ont l'air ridicules.

THÉÉTÈTE.

Soit.

L'ÉTRANGER.

C'est très bien, Théétète ; mais notre méthode n'attache ni plus ni moins d'importance à l'art d'épurer avec l'éponge, qu'à celui d'épurer par des breuvages salutaires ; elle ne de soucie pas que l'un nous rende de petits services, et l'autre de très grands. Dans l'unique but d'acquérir la science, elle ne cherche qu'à reconnaître dans tous les arts ce qui est ou ce qui n'est pas de la même famille, et elle fait de tous la même estime. Quand elle en trouve deux qui se ressemblent, elle ne juge pas l'un plus ridicule que l'autre ; l'art de la guerre ne lui paraît pas une chasse plus noble que l'art de détruire la vermine, mais une chasse qui d'ordinaire inspire plus d'orgueil. Et quant au nom que tu me demandes maintenant pour désigner à la fois tous les arts qui s'occupent de purifier les corps, animés ou inanimés, il n'importe pas à cette méthode que ce soit le nom de la plus belle apparence ; il suffit qu'il comprenne toutes les espèces d'épurations différentes des épurations de l'âme ; car si j'entends bien notre méthode, ce qu'elle se propose ici, c'est de séparer de toute autre épuration celle qui'concerne l'esprit.

THÉÉTÈTE.

A présent, je suis au fait, et j'admets deux espèces d'épuration, l'une pour l'âme, l'autre pour le corps, indépendante de la première.

L'ÉTRANGER.

A merveille. Maintenant, fais attention à ce que je vais te dire, pour tâcher de subdiviser encore en deux la division que nous venons d'établir.

THÉÉTÈTE.

Partout où tu me conduiras, je tâcherai de te suivre dans tes divisions.

L'ÉTRANGER.

Nous admettons que dans l'âme la méchanceté et la vertu sont deux choses différentes.

THÉÉTÈTE.

Eh bien ?

L'ÉTRANGER.

Et l'épuration consiste, suivant nous, à garder ce qui est bon, et à rejeter ce qui ne vaut rien.

THÉÉTÈTE.

Oui.

L'ÉTRANGER.

De même, en ce qui touche l'âme, lorsque nous trouverons qu'on en retranche quelque chose de mauvais, et que nous appellerons cela épuration, nous nous exprimerons avec justesse.

THÉÉTÈTE.

Sans doute.

L'ÉTRANGER.

Il y a dans l'âme deux sortes de méchancetés.

THÉÉTÈTE.

Lesquelles ?

L'ÉTRANGER.

L'une est pour l'âme ce qu'est pour le corps la maladie, l'autre ce qu'est la laideur.

THÉÉTÈTE.

Je n'entends pas bien.

L'ÉTRANGER.

Maladie et désordre du corps, ce n'est peut-être pas la même chose pour toi ?

THÉÉTÈTE.

J'avoue encore que je ne sais comment répondre.

L'ÉTRANGER.

Distingues-tu le désordre de la désunion provenue, par suite de quelque altération, entre des choses que la nature a faites alliées et de même famille ?

THÉÉTÈTE.

Nullement.

L'ÉTRANGER.

Et la laideur est-elle autre chose que le défaut d'harmonie, qui est désagréable partout où il se trouve.

THÉÉTÈTE.

Pas autre chose.

L'ÉTRANGER.

Eh bien ! dis-moi, ne remarquons-nous pas dans l'âme des méchants une désunion entre les opinions et les désirs, entre le courage [1129] et les plaisirs, entre la raison et les chagrins, un conflit véritable entre tout cela ?

THÉÉTÈTE.

Tout à fait.

L'ÉTRANGER.

Et cependant ces choses-là sont nécessairement faites pour être alliées.

THÉÉTÈTE.

Assurément.

L'ÉTRANGER.

En appelant donc la méchanceté désordre et maladie de l'âme, nous parlerons avec justesse ?

THÉÉTÈTE.

Avec toute justesse.

L'ÉTRANGER.

Bien ; et maintenant si une chose susceptible de mouvement, et dirigée vers un but quelconque et cherchant à l'atteindre, passe à côté et le manque à chaque fois, est-ce par harmonie, ou n'est-ce pas plutôt par défaut d'harmonie entre cette chose et le but, qu'il faudra dire que cela est arrivé ?

THÉÉTÈTE.

Par défaut d'harmonie, rien n'est plus clair.

L'ÉTRANGER.

Or nous savons que pour toute âme l'ignorance est involontaire.

THÉÉTÈTE.

Très certainement.

L'ÉTRANGER.

Et l'ignorance, pour l'âme qui aspire à la vérité, n'est pas autre chose qu'une aberration, qui fait que l'intelligence passe à côté de son but.

THÉÉTÈTE.

Nul doute.

L'ÉTRANGER.

Une âme déraisonnable est donc une âme laide et difforme.

THÉÉTÈTE.

Selon toute apparence.

L'ÉTRANGER.

Il est donc démontré qu'il y a dans l'âme deux sortes de maux ; l'un, qui s'appelle communément méchanceté, est évidemment la maladie de l'âme.

THÉÉTÈTE.

Oui.

L'ÉTRANGER.

L'autre est ce qu'on appelle ignorance ; mais on ne veut pas convenir que, quand ce mal entre dans l'âme, il suffît à lui seul pour la rendre mauvaise.

THÉÉTÈTE.

Il faut bien accorder, ce dont je doutais, quand tu l'as dit tout à l'heure : qu'il existe dans l'âme deux sortes de maux, et qu'on doit considérer comme maladie en nous toute lâcheté, tout excès, toute injustice, et comme laideur l'ignorance à laquelle notre âme est sujette de tant de manières.

L'ÉTRANGER.

Or n'existe-t-il pas pour le corps deux arts qui s'appliquent à ces deux sortes de maux ?

THÉÉTÈTE.

Lesquels ?

L'ÉTRANGER.

Pour la laideur, la gymnastique, et pour les maladies, la médecine.

THÉÉTÈTE.

Il est vrai.

L'ÉTRANGER.

Eh bien ! pour l'intempérance, l'injustice et la lâcheté, la justice qui punit est, de tous les arts, le plus convenable.

THÉÉTÈTE.

A ce qu'il semble du moins, sauf erreur humaine.

L'ÉTRANGER.

Et est-il un art plus propre à la guérison de toute sorte d'ignorance, que l'art de l'enseignement ?

THÉÉTÈTE.

Non, aucun.

L'ÉTRANGER.

Voyons, examine s'il faut considérer cet art comme formant un seul genre indivisible, ou comme ayant des parties distinctes, dont deux principales.

THÉÉTÈTE.

Je le veux bien.

L'ÉTRANGER.

Voici, je pense, le chemin le plus court pour y arriver.

THÉÉTÈTE.

Lequel ?

L'ÉTRANGER.

C'est de considérer qu'on peut partager l'ignorance comme en deux parts. Or du moment que l'ignorance se divise, il faut que l'art de l'enseignement se divise aussi pour correspondre à chacune de ses parties.

THÉÉTÈTE.

Qu'est-ce ? Apercevrais-tu ce que nous cherchons ?

L'ÉTRANGER.

Il me semble que je distingue une grande et terrible espèce d'ignorance, capable de balancer à elle seule toutes les autres.

THÉÉTÈTE.

Laquelle ?

L'ÉTRANGER.

D'imaginer qu'on sait ce qu'on ne sait pas ; car c'est peut-être de là que viennent toutes les erreurs dans lesquelles tombe notre esprit.

THÉÉTÈTE.

Cela est vrai.

L'ÉTRANGER.

C'est proprement ce qu'on appelle sottise.

THÉÉTÈTE.

En effet.

L'ÉTRANGER.

Et comment appeler la partie de l'art de l'enseignement qui remédie à ce genre d'ignorance ?

THÉÉTÈTE.

Il me semble, étranger, que chez nous du moins, on l'appelle éducation, tandis que tout autre enseignement se rapporte à l'enseignement des métiers.

L'ÉTRANGER.

Il en est de même, Théétète, dans presque toute la Grèce. Maintenant il nous faut encore considérer si cette partie est indivisible, ou bien si elle présente des subdivisions qui méritent des noms particuliers.

THÉÉTÈTE.

Examinons cela.

L'ÉTRANGER.

Oui, elle me paraît susceptible d'être divisée à son tour.

THÉÉTÈTE.

Et comment ?

L'ÉTRANGER.

Il me semble que, dans l'enseignement oral, il est une méthode plus rude et une autre plus douce.

THÉÉTÈTE.

Quelles sont ces deux méthodes ?

L'ÉTRANGER.

L'une, antique, en usage chez nos pères, et dont beaucoup de gens se servent encore aujourd'hui envers leurs épiants quand ceux-ci font quelque faute, tantôt les grondant avec sévérité, tantôt les reprenant avec douceur : on pourrait l'appeler l'exhortation.

THÉÉTÈTE.

Fort bien.

L'ÉTRANGER.

Voici le fondement de l'autre méthode : après y avoir bien réfléchi, plusieurs ont cru reconnaître que toute ignorance est involontaire, que nul ne consent à apprendre une chose lorsqu'il se persuade en être suffisamment instruit, et qu'en ce cas la méthode d'exhortation, après bien des peines, ne peut produire de grands effets.

THÉÉTÈTE.

Et ils ont raison.

L'ÉTRANGER.

Pour extirper cette confiance en un prétendu savoir, ils s'y prennent d'une autre manière.

THÉÉTÈTE.

Comment font-ils ?

L'ÉTRANGER.

Ils interrogent leur homme sur des choses qu'il croit savoir, tandis qu'il les ignore ; ils n'ont pas de peine à reconnaître les opinions dans lesquelles il s'égare, et, les rapprochant les unes des autres, ils les lui montrent se contredisant entre elles sur les mêmes sujets, considérés dans les mêmes rapports et sous les mêmes points de vue. Quand il a vu ses illusions ainsi dissipées, il devient plus sévère pour lui-même et plus indulgent pour autrui ; il se délivre de l'arrogante et superbe opinion qu'il avait de lui-même, et c'est là de toutes les délivrances la plus heureuse qui puisse arriver, et la mieux assurée dès qu'une fois on l'a obtenue. Ceux qui purgent ainsi les âmes, mon cher enfant, se conduisent comme les médecins du corps ; ceux-ci ont pour principe qu'il ne faut pas lui donner d'aliments nouveaux avant d'en avoir expulsé ce qui embarrasse ses fonctions ; ceux-là pensent de même que l'âme ne peut profiter des connaissances qu'on lui pourrait présenter, avant qu'on ait traité le malade par la réfutation, qu'on lui ait fait honte de lui-même, qu'on l'ait purgé en quelque sorte en le délivrant des opinions qui font obstacle à la science, et qu'on lui ait appris à reconnaître qu'il ne sait que ce qu'il sait, et rien de plus.

THÉÉTÈTE.

C'est en effet la meilleure et la plus sage disposition où on puisse l'amener.

L'ÉTRANGER.

Nous devons donc convenir, Théétète, que la méthode de réfutation est la plus grande et la plus sûre de toutes les purifications ; et celui qui n'en a pas subi l'épreuve, fut-il le grand roi lui-même, on doit le tenir pour impur au plus haut degré, mal élevé et difforme, précisément par rapport aux choses où l'homme qui aspire au vrai bonheur doit être le plus pur et le plus beau.

THÉÉTÈTE.

A merveille.

L'ÉTRANGER.

Eh bien ! quel nom donnerons-nous à ceux qui pratiquent cet art ? Pour moi, je craindrais de les appeler sophistes.

THÉÉTÈTE.

Pourquoi donc ?

L'ÉTRANGER.

De peur de faire aux sophistes trop d'honneur.

THÉÉTÈTE.

Et pourtant ce que nous venons de dire a bien l'air de leur ressembler.

L'ÉTRANGER.

Oui, c'est-à-dire comme le loup au chien, ce qu'il y a de plus féroce à ce qu'il y a de plus apprivoisé. Quiconque veut marcher sûrement doit toujours prendre garde aux ressemblances ; car ce sont des endroits glissants. Mais admettons que ce soit là le sophiste. Il est inutile de chicaner sur de petites différences, lorsqu'une fois on est sur ses gardes.

THÉÉTÈTE.

 Tu as raison.

L'ÉTRANGER.

 Soit donc l'art de purifier, une partie de l'art de démêler ; dans l'art de purifier, qu'on sépare la partie qui concerne l'âme ; dans cette partie, l'enseignement ; dans l'enseignement, l'éducation ; dans l'éducation enfin la réfutation, qui confond la vanité de la fausse science, comme nous l'avons fait voir : voilà notre sophistique de noble race.

THÉÉTÈTE.

 J'admets tout cela. Mais avec tant d'apparences différentes, je commence à être en peine de savoir ce qu'enfin il faut penser que le sophiste est réellement.

L'ÉTRANGER.

 Je ne m'étonne pas que tu en sois en peine ; mais on peut croire que notre homme n'est guère moins en peine de savoir par où nous échapper ; car le proverbe a raison : il n'est pas facile d'éviter toutes les poursuites. Serrons-le donc de plus près encore.

THÉÉTÈTE.

 C'est bien dit.

L'ÉTRANGER.

 Mais d'abord, pour faire une pause et reprendre haleine, arrêtons-nous un peu à récapituler sous combien de formes le sophiste nous est apparu jusqu'ici. D'abord, si je ne me trompe, c'a été un chasseur des jeunes gens riches, se faisant bien payer.

THÉÉTÈTE.

 Il est vrai.

L'ÉTRANGER.

 En second lieu, un commerçant faisant négoce des connaissances à l'usage de l'âme.

THÉÉTÈTE.

 Fort bien.

L'ÉTRANGER.

 Après cela, ne nous est-il pas apparu comme un débitant en détail de ces mêmes objets ?

THÉÉTÈTE.

Oui, et en quatrième lieu un fabricant de sciences.

L'ÉTRANGER.

Ta mémoire est fidèle. Je vais essayer à mon tour de retrouver la cinquième forme de notre sophiste. C'était dans les combats une espèce d'athlète de paroles, faisant métier de la discussion.

THÉÉTÈTE.

En effet.

L'ÉTRANGER.

Pour la sixième forme, il y avait bien quelque contestation ; mais nous sommes convenus de la lui accorder : je veux dire celle de purificateur de l'âme par rapport aux préjugés contraires à l'acquisition des sciences.

THÉÉTÈTE.

C'est bien cela.

L'ÉTRANGER.

Ne remarques-tu pas que, quand un homme, qu'on ne désigne que par le nom d'un seul art, paraît en posséder plusieurs, cette apparence ne saurait qu'être trompeuse ? N'est-il pas clair que celui qui juge ainsi ne sait pas découvrir par où ces différentes connaissances se rapportent au même art, et que c'est précisément pour cela qu'il donne à celui qui les possède plusieurs noms au lieu d'un seul ?

THÉÉTÈTE.

Tu pourrais bien avoir raison.

L'ÉTRANGER.

Évitons donc, dans cette recherche, de tomber, par négligence, dans le même inconvénient. Reprenons d'abord l'un des noms que nous avons donnés au sophiste ; il en est un qui me paraît surtout très propre à le caractériser.

THÉÉTÈTE.

Lequel ?

L'ÉTRANGER.

Nous avons dit qu'il est disputeur ?

THÉÉTÈTE.

Oui.

L'ÉTRANGER.

Mais n'est-ce pas lui aussi qui enseigne aux autres à le devenir ?

THÉÉTÈTE.

Assurément.

L'ÉTRANGER.

Eh bien ! voyons sur quoi nos gens se font fort d'apprendre aux autres à discuter. Procédons régulièrement à cet examen de cette manière-ci : est-ce sur les choses divines, invisibles qu'elles sont à la plupart des hommes, qu'ils mettent leurs disciples en état d'exercer cet art ?

THÉÉTÈTE.

C'est du moins ce qu'on prétend.

L'ÉTRANGER.

Et de même pour tout ce qu'il y a de visible sur la terre et dans le ciel, et tout ce qui s'y rapporte ?

THÉÉTÈTE.

Oui.

L'ÉTRANGER.

De plus, nous savons bien que dans les réunions particulières, lorsqu'il est question de la génération et de l'essence des choses, ils se montrent fort habiles à contredire, et qu'ils mettent les autres en état de faire comme eux.

THÉÉTÈTE.

Certainement.

L'ÉTRANGER.

Enfin sur toute espèce de matière de législation et de politique, ne promettent-ils pas de former à la controverse ?

THÉÉTÈTE.

Oui, et s'ils ne faisaient cette promesse, il n'y aurait, pour ainsi dire, personne pour suivre leurs leçons.

L'ÉTRANGER.

Mais les objections qu'on peut faire sur tous les arts en général et sur chaque art en particulier à ceux-là mêmes qui les professent, ont été publiées et se trouvent consignées par écrit à la disposition de quiconque veut les apprendre.

THÉÉTÈTE.

Tu veux parler sans doute des écrits de Protagoras sur la palestre et les autres arts?

L'ÉTRANGER.

Et de ceux de bien d'autres encore, mon cher Théétète. Maintenant l'art de la dispute ne renferme-t-il pas, en général, pour toute espèce de controverse, de grandes ressources ?

THÉÉTÈTE.

Il paraît qu'il ne lui manque à peu près rien.

L'ÉTRANGER.

Mais toi, mon enfant, au nom des dieux, penses-tu que cela soit possible ? Peut-être vous autres jeunes gens voyez-vous plus net et nous plus troublé en cette affaire ?

THÉÉTÈTE.

Quelle affaire ? Que veux-tu dire ? Je n'entends pas bien ta question.

L'ÉTRANGER.

Je demande s'il est possible qu'un homme sache tout.

THÉÉTÈTE.

O étranger ! notre espèce serait trop heureuse.

L'ÉTRANGER.

Mais le moyen qu'on puisse, en contredisant celui qui sait, sans savoir soi-même, dire quelque chose de raisonnable ?

THÉÉTÈTE.

C'est impossible.

L'ÉTRANGER.

En quoi donc peut consister cette puissance merveilleuse de la sophistique ?

THÉÉTÈTE.

Quelle puissance ?

L'ÉTRANGER.

Cet art de persuader à la jeunesse qu'ils ont la science universelle. Il est évident que s'ils ne réussissaient pas dans la discussion ou n'avaient pas l'air d'y réussir, ou si, même en ayant l'air, ce n'était, pas à la controverse qu'ils dussent l'apparence de leur succès, fort peu de gens, comme tu le disais, viendraient leur offrir de l'argent pour être leurs disciples.

THÉÉTÈTE.

 Fort peu.

L'ÉTRANGER.

 Mais ce n'est pas là leur compte.

THÉÉTÈTE.

 Non, en vérité.

L'ÉTRANGER.

 Et ils paraissent, je pense, véritablement instruits des choses sur lesquelles ils discutent.

THÉÉTÈTE.

 Il le faut bien.

L'ÉTRANGER.

 Et cela, disons-nous, sur toute espèce de sujet ?

THÉÉTÈTE.

 Oui.

L'ÉTRANGER.

 Donc ils paraissent à leurs disciples avoir une science universelle.

THÉÉTÈTE.

 Il est vrai.

L'ÉTRANGER.

 Mais il ne l'ont pas réellement : nous avons vu que cela n'est pas possible.

THÉÉTÈTE.

 Comment serait-ce possible !

L'ÉTRANGER.

 Ainsi nous avons reconnu que le sophiste a sur toutes choses une science apparente, mais non pas une véritable science.

THÉÉTÈTE.

 D'accord ; et ce que nous disons là a tout l'air d'être fort juste.

L'ÉTRANGER.

 Eh bien ! prenons un exemple plus frappant.

THÉÉTÈTE.

 Lequel ?

L'ÉTRANGER.

Le voici : tâche de me répondre et de bien faire attention.

THÉÉTÈTE.

Voyons.

L'ÉTRANGER.

Si un homme se donnait non pas pour savoir dire ni contredire, mais pour savoir faire et opérer toutes choses par un seul et même art.

[233a]

THÉÉTÈTE.

Toutes choses ? Que veux-tu dire ?

L'ÉTRANGER.

Voilà d'abord que tu n'entends pas mon premier mot ; car il paraît que tu ne comprends pas ce *toutes choses* ?

THÉÉTÈTE.

Non, en vérité.

L'ÉTRANGER.

J'entends par là toi et moi, et avec nous tous les autres animaux et tout le les plantes.

THÉÉTÈTE.

Eh bien !

L'ÉTRANGER.

Si un homme se donnait pour capable de nous faire toi et moi et tous les êtres animés.

THÉÉTÈTE.

Faire ! Comment l'entends-tu ? Ce n'est pas le laboureur que tu veux dire ; car tu parles d'un homme qui ferait aussi des animaux ?

L'ÉTRANGER.

Oui, et même la mer, la terre, le ciel, les dieux et tout au monde ; et un homme encore qui, après avoir fait expéditivement toutes ces choses, les livrerait à un prix très modique.

THÉÉTÈTE.

Allons, c'est un badinage.

L'ÉTRANGER.

Eh quoi ! n'est-ce pas plutôt un badinage de prétendre qu'on possède la science de toutes choses et qu'on peut l'enseigner ; un autre en peu de temps et à bon marché ?

THÉÉTÈTE.

A la bonne heure.

L'ÉTRANGER.

Et connais-tu un badinage où il y ait plus d'art et d'agrément que l'imitation ?

THÉÉTÈTE.

Non ; car ce que tu désignes par un seul mot renferme mille variétés.

L'ÉTRANGER.

Celui qui se vante de pouvoir tout faire au moyen d'un seul art, n'est-ce pas l'homme qui exécute au moyen de la peinture des imitations des êtres, auxquelles il donne le nom des êtres qu'elles représentent, et qui, en montrant de loin ces tableaux aux petits enfants incapables de discernement, peut leur faire accroire qu'il est en état de faire réellement tout ce qu'il veut ?

THÉÉTÈTE.

Fort bien.

L'ÉTRANGER.

Et pourquoi ne reconnaîtrions-nous pas un art semblable dans le discours, un art au moyen duquel on pourrait faire illusion à la jeunesse, encore éloignée de la vérité, en présentant à ses oreilles des simulacres en paroles de toutes choses, de manière à les faire passer pour la vérité même, et à faire croire que celui qui parle ainsi est doué de la science, universelle ?

THÉÉTÈTE.

Il serait bien possible qu'il y eût un art pareil.

L'ÉTRANGER.

Voilà pourquoi, Théétète, après avoir entendu de tels discours pendant la jeunesse, quand on prend des années, que l'âge de la raison arrive, qu'on en vient à rencontrer les choses elles-mêmes, et que l'impression qu'on en reçoit force de leur donner une attention sérieuse, n'est-ce pas une nécessité qu'alors pour la plupart du temps on change d'opinions, que ce qui avait paru grand paraisse petit, difficile ce qu'on avait cru aisé, et qu'enfin sur tous les points la réalité renverse les fantômes produits par des discours mensongers ?

THÉÉTÈTE.

Oui, autant du moins que j'en puis juger à mon âge ; car, je le sais, je suis du nombre de ceux qui sont encore fort loin de la vérité.

L'ÉTRANGER.

C'est pour cela que nous tous que voici, nous nous efforcerons, et nous nous efforçons dès à présent de t'en rapprocher le plus possible, sans que tu aies besoin de recevoir l'impression même des choses. Pour revenir au sophiste, dis-moi s'il n'est pas devenu clair pour nous que c'est une espèce de charlatan, habile dans l'art de l'imitation, ou sommes-nous encore incertains s'il ne possède pas réellement la science de toutes les choses sur lesquelles il est capable de discuter ?

THÉÉTÈTE.

Impossible, étranger. Il est à peu près prouvé, par ce que nous avons dit qu'il doit être mis au nombre des faiseurs de badinages.

L'ÉTRANGER.

Ainsi, nous ne mettons parmi les charlatans et les imitateurs ?

THÉÉTÈTE.

Sans hésiter.

L'ÉTRANGER.

Courage ; c'est à nous maintenant de ne pas lâcher le gibier que nous chassons. Le voilà bientôt enveloppé dans le filet de nos raisonnements ; il faudra bien qu'il en passe par là.

THÉÉTÈTE.

Par où ?

L'ÉTRANGER.

C'est-à-dire qu'il soit rangé dans l'espèce des faiseurs de prestiges.

THÉÉTÈTE.

Pour moi, je suis tout à fait de cet avis

L'ÉTRANGER.

Eh bien ! je propose de diviser tout de suite l'art de faire des simulacres, et quand nous serons entrés dans cette voie, si le sophiste voulait faire résistance, de le saisir au corps, selon l'ordre du roi, devant lequel nous étalerons notre proie en la lui livrant [1131] ; que s'il vient à se cacher dans quelque subdivision de l'art d'imiter, il faut le poursuivre et décomposer sans relâche l'espèce qui le renfermera jusqu'à ce qu'il soit pris. A coup sûr, ni lui ni qui que ce soit ne saurait échapper à des gens qui savent embrasser ainsi les choses dans le détail comme dans l'ensemble.

THÉÉTÈTE.

C'est bien parler. Voilà comme il faut nous y prendre.

L'ÉTRANGER.

En suivant donc notre première méthode de division, je crois apercevoir deux espèces de l'art d'imiter ; mais de savoir dans laquelle des deux se trouve celle que nous cherchons, c'est ce dont je ne crois pas pouvoir me flatter encore.

THÉÉTÈTE.

Dis-nous toujours, en attendant, quelles sont ces deux espèces.

L'ÉTRANGER.

Je vois dans l'art d'imiter, d'abord l'art de copier ; c'est particulièrement quand on opère l'imitation en reproduisant les proportions du modèle en longueur, largeur et profondeur, et en y ajoutant les couleurs convenables.

THÉÉTÈTE.

Mais quoi, n'est-ce pas là ce que s'appliquent à faire tous ceux qui veulent imiter un objet ?

L'ÉTRANGER.

Non pas ceux du moins qui exécutent de grands ouvrages de sculpture ou de peinture ; car, s'ils donnaient aux belles figures qu'ils représentent leurs véritables proportions, tu sens bien que les parties supérieures paraîtraient trop petites et les inférieures trop grandes, parce que les unes sont vues par nous de loin et les autres de près.

THÉÉTÈTE.

Cela est juste.

L'ÉTRANGER.

Ainsi, n'est-il pas vrai que les artistes, s'inquiétant peu de la vérité, donnent à leurs ouvrages, au lieu des proportions naturelles, celles qu'ils jugent devoir faire le plus bel effet ?

THÉÉTÈTE.

Assurément.

L'ÉTRANGER.

Il est donc raisonnable d'appeler la première des deux espèces
d'imitation, une copie, puis qu'en effet elle ressemble à l'objet ?

THÉÉTÈTE.

Oui.

L'ÉTRANGER.

Et d'appeler, ainsi que nous l'avons fait, cette espèce de l'art d'imiter,
l'art de copier ?

THÉÉTÈTE.

Fort bien.

L'ÉTRANGER.

Mais quel nom donner à ce qui, considéré d'un bon point de vue,
paraît ressembler au beau, mais n'offre plus, convenablement examiné,
la ressemblance qu'il promettait ? Ne pouvons-nous l'appeler fantôme,
puisqu'il n'a qu'une apparence de ressemblance ?

THÉÉTÈTE.

Pourquoi pas ?

L'ÉTRANGER.

Cette division n'occupe-t-elle pas une grande place et dans la peinture
et dans l'art d'imiter en général ?

THÉÉTÈTE.

Certainement.

L'ÉTRANGER.

Et n'appellerons-nous pas fantasmagorie l'art qui produit non pas la
copie des objets, mais leur fantôme ?

THÉÉTÈTE.

D'accord.

L'ÉTRANGER.

Voilà donc les deux espèces de l'art de faire des simulacres, l'art de
copier et l'art de la fantasmagorie.

THÉÉTÈTE.

Soit.

L'ÉTRANGER.

Quant à l'embarras où j'étais de savoir dans lequel de ces deux arts il faut placer le sophiste, je n'en saurais sortir encore ; mais il faut réellement que ce soit un singulier personnage, et très difficile à découvrir ; car le voilà maintenant caché bel et bien dans le coin de quelque division où il n'est pas aisé de l'atteindre.

THÉÉTÈTE.

A ce qu'il paraît.

L'ÉTRANGER.

Est-ce à bon escient que tu m'accordes ce point, ou bien serait-ce l'habitude de te laisser pousser comme par le flot du discours, qui t'a entraîné à l'accorder si vite ?

THÉÉTÈTE.

Comment ? Pourquoi me fais-tu cette demande ?

L'ÉTRANGER.

C'est que véritablement, mon ami, nous en sommes à une question fort épineuse ; car paraître et sembler sans être, dire sans rien dire de vrai, tout cela présente un abîme de difficultés, et dans tous les temps, autrefois comme aujourd'hui. Comment prétendre, en effet, qu'il y a réellement des paroles et des pensées fausses, et en s'exprimant ainsi, ne pas tomber en contradiction avec soi-même ? c'est ce qu'il n'est pas aisé de comprendre, Théétète.

THÉÉTÈTE.

Et pourquoi ?

L'ÉTRANGER.

C'est supposer hardiment que le non-être est ; autrement le faux ne saurait être. Or voici, mon cher enfant, ce que le grand Parménide nous enseignait jadis quand nous étions à ton âge, et au commencement et à la fin de ses leçons, en prose et en vers :

Jamais (dit-il) tu ne comprendras que ce qui n'est pas est :
Éloigne ta pensée de cette recherche [1132] .

Outre ce témoignage, nous pouvons décider la question par le raisonnement, sans même le pousser bien loin. Faisons-en l'expérience, si tu n'y répugnes pas.

THÉÉTÈTE.

Pour moi, je te laisse le maître ; tu n'as qu'à choisir la route qui te paraîtra la meilleure, y marcher et me conduire après toi.

L'ÉTRANGER.

C'est ce qu'il faut faire. Dis-moi, ce qui n'est en aucune manière, osons-nous l'exprimer ?

THÉÉTÈTE.

Pourquoi pas ?

L'ÉTRANGER.

Je ne veux ni disputer ni badiner ; je suppose quelque auditeur de Parménide obligé de rendre compte, sérieusement et après mûre réflexion, du légitime emploi de ce mot, ce qui n'est pas, croyons-nous qu'il saurait où et à quoi l'appliquer ?

THÉÉTÈTE.

Voilà une question difficile, et, je puis dire, tout à fait insoluble pour moi.

L'ÉTRANGER.

Toujours est-il certain que le non-être ne doit être attribué à aucun être.

THÉÉTÈTE.

Nécessairement.

L'ÉTRANGER.

Si le non-être ne peut pas être attribué à l'être, il ne devra pas non plus être attribué à quelque chose.

THÉÉTÈTE.

Comment cela ?

L'ÉTRANGER.

N'est-il pas évident que ce mot *quelque chose* , nous le disons toujours d'un être ; car le prendre seul, séparé de tous les êtres et comme tout nu, cela serait impossible, n'est-il pas vrai ?

THÉÉTÈTE.

Impossible.

L'ÉTRANGER.

D'après cela, tu m'accordes donc que, qui dit quelque chose, dit nécessairement une certaine chose ?

THÉÉTÈTE.

Oui.

L'ÉTRANGER.

Car te conviendras que quelque chose signifie une chose, et quelques choses, deux et plusieurs choses.

THÉÉTÈTE.

Sans contredit.

L'ÉTRANGER.

Et celui qui ne dit pas même quelque chose, il est, ce semble, de toute nécessité qu'il ne dise absolument rien.

THÉÉTÈTE.

C'est incontestable.

L'ÉTRANGER.

Mais alors il ne faut pas accorder que cet homme, qui entreprend d'énoncer le non-être, parle en effet tout en ne disant rien : il faut dire qu'il ne parle pas du tout.

THÉÉTÈTE.

De cette manière, toute difficulté serait levée.

L'ÉTRANGER.

Ne nous vantons pas encore ; car, mon ami, voici la première et la plus grande de toutes les difficultés et qui touche au fond même de la question.

THÉÉTÈTE.

Comment cela ? Explique-toi, et ne me laisse pas en route.

L'ÉTRANGER.

A un être on peut joindre quelque autre être ?

THÉÉTÈTE.

Assurément.

L'ÉTRANGER.

Mais admettrons-nous aussi qu'un être puisse être joint à un non-être?

THÉÉTÈTE.

Impossible.

L'ÉTRANGER.

Reconnaissons-nous tout nombre pour un être ?

THÉÉTÈTE.

Sans doute, s'il y a quelque être au monde qu'il faille reconnaître.

L'ÉTRANGER.

Ainsi, nous ne pouvons songer à joindre au non-être aucun nombre, ni pluralité, ni unité.

THÉÉTÈTE.

Ce serait mal fait, à ce qu'il semble, d'après notre raisonnement.

L'ÉTRANGER.

Or comment serait-il possible, sans le nombre, d'énoncer de bouche ou même de concevoir en esprit les non-existences ou le non-être ?

THÉÉTÈTE.

Explique-toi.

L'ÉTRANGER.

En disant les non-existences, ne leur attribuons-nous pas la pluralité de nombre ?

THÉÉTÈTE.

En effet.

L'ÉTRANGER.

Et en disant le non-être, n'attribuons-nous pas au non-être l'unité ?

THÉÉTÈTE.

Cela est évident.

L'ÉTRANGER.

Et pourtant nous avons dit qu'il n'est ni juste ni raisonnable de vouloir associer un être à un non-être.

THÉÉTÈTE.

Oui.

L'ÉTRANGER.

Tu comprends dont qu'il est impossible, et d'énoncer proprement le non-être, et d'en dire quelque chose, et de le concevoir en lui-même ; qu'il est insaisissable à la pensée et au langage, à la parole et au raisonnement.

THÉÉTÈTE.

Rien de plus exact.

L'ÉTRANGER.

Mais me serais-je trompé en disant tout à l'heure que j'en étais à la plus grande difficulté de notre sujet ?

THÉÉTÈTE.

Qu'est-ce donc, en avons-nous quelque autre plus grande encore ?

L'ÉTRANGER.

Eh quoi ! mon cher, ne vois-tu pas, par ce que nous avons dit, que ce non-être met dans l'embarras celui-là même qui entreprend de le réfuter, et qu'il le force de se contredire lui-même dans sa manière d'en parler ?

THÉÉTÈTE.

Voyons ; montre-moi cela plus clairement.

L'ÉTRANGER.

Ce n'est pas. sur moi qu'il fout compter pour rien trouver de plus clair. En établissant que le non-être n'admet ni la pluralité, ni l'unité, je lui ai attribué l'unité ; car j'ai déjà dit le non-être. Comprends-tu ?

THÉÉTÈTE.

Oui.

L'ÉTRANGER.

Et il n'y a qu'un instant j'ai dit encore qu'il est insaisissable au langage, à la parole, au raisonnement. Suis-tu bien ?

THÉÉTÈTE.

Très bien ; nulle difficulté.

L'ÉTRANGER.

Ainsi, en attribuant l'être au non-être, j'ai contredit ce que j'avais précédemment établi ?

THÉÉTÈTE.

Évidemment.

L'ÉTRANGER.

Mais quoi, en lui attribuant et l'être et l'unité, n'en parlais-je point ?

THÉÉTÈTE.

Oui.

L'ÉTRANGER.

Donc tout en disant qu'on ne pouvait ni en raisonner, ni en parler, ni l'exprimer, j'en raisonnais comme de quelque chose d'un.

THÉÉTÈTE.

Il est vrai.

L'ÉTRANGER.

Et pourtant nous sommes convenus que pour parler avec justesse, il ne faut le désigner ni comme un, ni comme plusieurs, ni même de nommer ; car nommer une chose, c'est déjà la désigner comme une.

THÉÉTÈTE.

Certainement.

L'ÉTRANGER.

S'il en est ainsi, que va-t-on dire de moi ? On m'a déjà vu et on me voit encore, maintenant comme tout à l'heure, vaincu dans ce combat que je livre au non-être. Je le répète donc, ne cherchons pas dans ma manière de m'exprimer comment on doit s'y prendre pour parler du non-être avec propriété et justesse ; demandons-le à toi-même.

THÉÉTÈTE.

Que veux-tu dire ?

L'ÉTRANGER.

Avance avec la hardiesse de ton âge, et rassemble toutes tes forces pour trouver moyen de dire quelque chose de juste sur le non-être, sans lui attribuer ni l'être, ni l'unité, ni la pluralité.

THÉÉTÈTE.

Il me faudrait une audace bien grande et bien déplacée pour me charger d'une entreprise où je te vois succomber.

L'ÉTRANGER.

Eh bien ! si tu veux, nous y renoncerons pour fou compte comme pour le mien ; et, jusqu'à ce que nous rencontrions quelqu'un en état de faire cette besogne, nous dirons que le sophiste, par une manœuvre habile, s'est allé retrancher là dans une position inabordable.

THÉÉTÈTE.

C'est tout à fait mon avis.

L'ÉTRANGER.

Cependant si, en attendant, nous venons à dire qu'il exerce un art fantasmagorique, lui à son tour pourra facilement nous prendre par nos propres paroles, les retourner contre nous, et nous demander, puisque nous l'appelons faiseur de simulacres, ce que c'est précisément qu'un simulacre. C'est le cas, Théétète, de bien prendre garde à ce que nous répondrons à ce rude adversaire.

THÉÉTÈTE.

Nous lui citerons les simulacres qu'on voit dans l'eau et dans les miroirs, et puis les peintures, les moulures et toutes autres choses du même genre.

L'ÉTRANGER.

Il paraît, Théétète f que tu n'as jamais vu un sophiste.

THÉÉTÈTE.

Comment cela ?

L'ÉTRANGER.

Tu croirais qu'il ferme les yeux ou qu'il n'a pas d'yeux du tout.

THÉÉTÈTE.

Quoi donc ?

L'ÉTRANGER.

Si tu lui fais cette réponse, en lui parlant de miroirs et de figures, il rira du langage que tu lui tiens comme s'il y voyait clair ; il feindra de ne connaître ni eaux ni miroirs, de ne savoir absolument pas ce que c'est que la vue ; et de tout ce que tu lui auras dit, il ne te demandera qu'une seule chose.

THÉÉTÈTE.

Laquelle ?

L'ÉTRANGER.

Ce qu'il y a de commun dans tous ces objets que tu as jugé à propos de réunir, comme s'ils formaient une unité, sous le seul nom de simulacre. Explique-toi donc, défends-toi, et ne laisse prendre à ton homme aucun avantage.

THÉÉTÈTE.

Eh bien ! étranger, que dire d'un simulacre, sinon que c'est, comparé à l'objet véritable, un autre objet fait à la ressemblance de celui-là ?

L'ÉTRANGER.

Par cet autre, entends-tu un objet véritable, ou à quoi le rapportes-tu ?

THÉÉTÈTE.

Véritable, pas du tout, mais qui paraît l'être.

L'ÉTRANGER.

Tu entends sans doute par véritable ce qui est réellement ?

THÉÉTÈTE.

Oui.

L'ÉTRANGER.

Et le non véritable, c'est le contraire du véritable ?

THÉÉTÈTE.

Évidemment.

L'ÉTRANGER.

Si donc tu dis que ce qui paraît être n'est pas véritable, tu dis, par cela même, que c'est un non-être. Et pourtant il est.

THÉÉTÈTE.

Comment ?

L'ÉTRANGER.

Oui, car tu disque véritablement il n'est pas.

THÉÉTÈTE.

Non, il n'est pas ; ce n'est réellement qu'une apparence.

L'ÉTRANGER.

Donc ce que nous appelons réellement une apparence n'est réellement pas un non-être ?

THÉÉTÈTE.

Voilà, ce me semble, une complication de l'être et du non-être bien embrouillée et tout à fait absurde.

THÉÉTÈTE.

Et tu vois qu'au moyen de ce changement inattendu, notre sophiste aux cent têtes nous a forcés de reconnaître, en dépit de nous-mêmes, le non-être comme étant en quelque manière.

THÉÉTÈTE.

Je ne le vois que trop bien.

L'ÉTRANGER.

Comment nous y prendrons-nous maintenant pour être d'accord avec nous-mêmes en caractérisant son art ?

THÉÉTÈTE.

Que veux-tu dire ? Quel piège parais-tu redouter ?

L'ÉTRANGER.

Quand nous disons que le sophiste en impose par des fantômes, et que c'est un art imposteur que celui qu'il exerce, ne disons-nous pas que

notre âme, au moyen de cet art, est induite à se faire de fausses opinions, ou bien l'entendons-nous autrement ?
THÉÉTÈTE.

Non, c'est bien cela ; nous ne saurions l'entendre autrement.
L'ÉTRANGER.

Or, une fausse opinion est celle qui admet le contraire de ce qui est ; n'est-il pas vrai ?

THÉÉTÈTE.

Certainement.
L'ÉTRANGER.

Ainsi tu dis qu'une fausse opinion admet ce qui n'est pas ?
THÉÉTÈTE.

C'est tout simple.
L'ÉTRANGER.

Est-ce en admettant que ce qui n'est pas n'est pas, ou bien en admettant que ce qui n'est d'aucune manière existe de quelque manière ?

THÉÉTÈTE.

C'est en attribuant quelque existence à ce qui n'est pas, quelque légère, d'ailleurs, que l'erreur puisse être, et ne la commît-on qu'une fois.

L'ÉTRANGER.

Et n'est-ce pas aussi en admettant que ce qui est absolument n'est absolument point ?

THÉÉTÈTE.

Oui.
L'ÉTRANGER.

Cela donc est encore une erreur ?
THÉÉTÈTE.

Assurément.
L'ÉTRANGER.

Et ce sera une erreur égale de dire que ce qui est n'est pas, tout aussi bien que de dire que ce qui n'est pas existe.
THÉÉTÈTE.

Comment en serait-il autrement ?

L'ÉTRANGER.

En aucune façon, ce semble. C'est pourtant ce dont le sophiste ne conviendra point ; et le moyen, pour un homme de bon sens d'en convenir, après que nous avons précédemment reconnu que ce qui n'est pas est insaisissable au langage, à la parole, au raisonnement et à la pensée ? Comprends-tu ce qu'il va nous dire, Théétète ?

THÉÉTÈTE.

Sans doute ; il est clair que le sophiste nous reprochera d'être en contradiction avec nos principes, quand nous osons dire qu'il peut y avoir du faux et dans les opinions et dans les discours ; car ainsi nous serions souvent forcés d'attribuer l'être au non-être, après avoir avoué à l'instant même que cela est de toute impossibilité.

L'ÉTRANGER.

Ta mémoire te sert bien. Mais il est temps de nous consulter sur ce que nous devons faire k l'égard du sophiste. Tu vois comme abondent les objections et les difficultés, quand nous le cherchons parmi les charlatans et les artisans de mensonges.

THÉÉTÈTE.

Je le vois bien.

L'ÉTRANGER.

Encore n'avons-nous vu qu'une faible partie de ces difficultés, qui sont, à vrai dire, infinies.

THÉÉTÈTE.

S'il en est ainsi, il est impossible, ce me semble, de saisir le sophiste.

L'ÉTRANGER.

Eh quoi ! devrons-nous perdre courage et quitter la partie ?

THÉÉTÈTE.

Non, du moins suivant moi, pour peu qu'il nous reste de ressources pour atteindre notre homme.

L'ÉTRANGER.

Tu auras donc de l'indulgence, et tu voudras bien te contenter, selon ce que tu viens de dire, du peu que nous pourrons tirer d'un sujet si difficile.

THÉÉTÈTE.

Fort bien.

L'ÉTRANGER.

En ce cas, voici encore une prière que j'ai à t'adresser.

THÉÉTÈTE.

Laquelle ?

L'ÉTRANGER.

C'est de ne pas me prendre pour une espèce de parricide.

THÉÉTÈTE.

Et pourquoi cela ?

L'ÉTRANGER.

Pour nous défendre, il nous faudra soumettre à l'examen la maxime de notre père Parménide, et à toute force établir que le non-être existe à certains égards, et qu'à certains égards aussi l'être n'est pas.

THÉÉTÈTE.

En effet, c'est là visiblement ce qu'il nous faut débattre.

L'ÉTRANGER.

Oui, cela est visible, comme on dit, même pour un aveugle ; car, jusqu'à ce qu'on soit décidé pour ou contre, on ne pourra guère traiter des discours ou des opinions fausses, des simulacres, des apparences, des imitations et des fantômes, ou bien des arts qui s'en occupent, sans tomber dans le ridicule par la nécessité de se contredire soi-même.

THÉÉTÈTE.

Bien de plus vrai.

L'ÉTRANGER.

Voilà pourquoi il nous faut avoir le courage de porter la main sur la maxime de notre père, ou, si nous en avons quelque scrupule, laisser là toute cette affaire.

THÉÉTÈTE.

Eh bien ! nous passerons par-dessus les scrupules.

L'ÉTRANGER.

J'ai encore une petite grâce à te demander ; ce sera la troisième.

THÉÉTÈTE.

Parle.

L'ÉTRANGER.

Je disais, tout à l'heure, que dans tous les temps cette entreprise avait surpassé mes forces, et qu'aujourd'hui encore j'en étais incapable.

THÉÉTÈTE.

Oui, tu l'as dit.

L'ÉTRANGER.

Je crains donc, qu'après avoir dit cela, à me voir changer tout d'un coup de position, tu ne me prennes pour un extravagant Songe que c'est pour l'amour de toi que nous allons essayer de réfuter cette maxime, si toutefois nous pouvons y parvenir.

THÉÉTÈTE.

Pour moi, en vérité, tu ne me paraîtras aucunement blâmable d'entreprendre cette réfutation et cette démonstration ; marche donc avec assurance.

L'ÉTRANGER.

Or çà, par où aborder ce périlleux sujet ? Voici, je crois, mon enfant, le chemin qu'il nous fout prendre de toute nécessité.

THÉÉTÈTE.

Lequel ?

L'ÉTRANGER.

Commençons par examiner les principes dont nous nous croyons bien assurés, pour voir si nous ne nous abusons point à leur égard, et si nous ne nous les accordons pas mutuellement avec plus de facilité qu'il ne faut, comme si nous en avions fait une critique attentive.

THÉÉTÈTE.

Dis-moi plus clairement ce que tu veux dire.

L'ÉTRANGER.

Une matière que Parménide paraît avoir traitée un peu trop à son aise, ainsi que tous ceux qui s'en sont occupés, c'est la distinction des êtres, combien d'espèces il y en a et quelles elles sont.

THÉÉTÈTE.

Comment ?

L'ÉTRANGER.

Il semble que chacun nous ait débité sa fable comme à des enfants. L'un nous présente les êtres au nombre de trois, se faisant de temps en temps la guerre ; d'autres fois, redevenus amis, se mariant, engendrant, nourrissant les fruits de leurs unions [1133] . Un autre [1134] n'en compte que deux, le sec et l'humide, ou bien le chaud et le froid, et il les marie et les met en ménage. Nos Éléates, à partir de Xénophane et même de plus loin, arrangent leur fable en réduisant à un seul être ce qu'on appelle l'univers. Plus tard des Muses d'Ionie et de Sicile [1135] ont pensé qu'il serait plus sûr de combiner les deux opinions, et de dire que l'être est à la fois un et multiple, et qu'il se maintient par la haine et par l'amitié ; car tout se sépare et se réunit sans cesse, disent celles de ces Muses qui chantent sur le ton le plus hardi ; celles qui le prennent sur un ton plus doux, ne prétendent plus que les choses soient toujours ainsi, mais que tantôt l'univers est un et en bonne harmonie, par l'influence de Vénus, et tantôt, par celle de la discorde, multiple et en guerre avec lui-même. Que tout cela soit vrai ou faux, il serait difficile et téméraire d'en oser décider contre d'anciens et illustres personnages ; mais voici du moins ce qu'il est permis de dire.

THÉÉTÈTE.

 Quoi ?

L'ÉTRANGER.

 C'est qu'ils ont montré pour nous autres pauvres gens, confondus dans la foule, trop peu d'égards et d'estime ; car ils poursuivent leurs discours sans daigner remarquer si nous pouvons les suivre, ou si nous restons en arrière.

THÉÉTÈTE.

 Que veux-tu dire ?

L'ÉTRANGER.

 Quand l'un de ces philosophes proclame qu'il existe ou qu'il est né ou qu'il naît plusieurs choses, ou deux ou une, qu'il parle du mélange du chaud et de l'humide, ou encore d'autres compositions et décompositions, dis-moi, au nom des dieux, Théétète, si tu y comprends quelque chose. Pour moi, dans ma jeunesse, lorsqu'on venait à parler du non-être, qui nous embarrasse aujourd'hui, je croyais bien comprendre, et à présent tu vois si nous sommes près de sortir   d'embarras.

THÉÉTÈTE.

 Oui, je le vois.

L'ÉTRANGER.

Peut-être donc, qu1 au fond de notre âme, nous n'en savons pas davantage sur l'être ; nous nous imaginons comprendre lorsque quelqu'un vient à en parler, tandis que nous avouons ne rien entendre au non-être, et peut-être en sommes-nous pour l'un où nous en sommes pour l'autre.

THÉÉTÈTE.

Peut-être bien.

L'ÉTRANGER.

Disons la même chose des systèmes dont nous parlions tout à l'heure.

THÉÉTÈTE.

Soit.

L'ÉTRANGER.

Nous reviendrons plus tard sur tout le reste, si tu le veux ; mais pour le moment examinons ce qu'il y a de plus grand, ce qui tient le premier rang.

THÉÉTÈTE.

De quoi veux-tu parler ? Tu penses sans doute qu'il faut nous occuper de l'être, et rechercher ce que ceux qui en ont parlé ont voulu dire par là ?

L'ÉTRANGER.

Tu m'as parfaitement compris, Théététe. Maintenant, il nous faut procéder, je crois, comme si nous avions devant nous les personnages dont il s'agit, et les interroger de la manière suivante : Voyons, vous tous qui prétendez que le chaud et le froid, ou deux autres éléments analogues, sont l'univers, que dites-vous de ces deux éléments, quand vous dites de l'un et de l'autre et de chacun d'eux séparément qu'il est ? Que voulez-vous dire par votre être ? Est-ce une troisième chose autre que ces deux-là, et l'univers est-il en tout trois et non plus deux, comme vous le disiez ? Et si vous n'appelez être que l'un des deux éléments, vous ne pouvez plus dire qu'ils sont tous les deux également ; et quel que soit celui que vous appeliez être, l'être n'est qu'un, et non pas deux.

THÉÉTÈTE.

D'accord.

L'ÉTRANGER.

Mais sans doute vous voulez appeler être l'un et l'autre ?

THÉÉTÈTE.

Peut-être.

L'ÉTRANGER.

Mais, mes amis, reprendrons-nous, c'est dire encore de la manière la plus claire que les deux ne font qu'un.

THÉÉTÈTE.

Tu as parfaitement raison.

L'ÉTRANGER.

Voyons donc, puisque nous sommes si embarrassés, expliquez-nous vous-mêmes bien nettement ce que vous entendez quand vous dites *être* ; car il ne se peut pas que dès longtemps vous n'en soyez instruits. Quant à nous, nous avons cru d'abord le savoir ; mais à présent nous n'y voyons pas clair. Commencez donc par nous exposer votre opinion, afin que nous n'allions pas croire que nous comprenons vos discours, quand ce serait tout le contraire. Dis-moi, mon enfant, serait-ce de la témérité de notre part que d'adresser cette prière à ces philosophes et à tous ceux qui disent qu'il y a dans l'univers plus qu'une seule chose ?

THÉÉTÈTE.

Pas le moins du monde.

L'ÉTRANGER.

Et ceux qui disent que l'univers est un, ne faut-il pas aussi les presser de toutes nos forces de nous expliquer ce qu'ils entendent par l'être ?

THÉÉTÈTE.

Certainement.

L'ÉTRANGER.

Qu'ils répondent donc aux questions suivantes : Vous dites qu'il n'y a qu'une chose ? Nous le disons, répondront-ils. N'est-il pas vrai ?

THÉÉTÈTE.

Oui.

L'ÉTRANGER.

Mais quoi, ce que vous appelez être, n'est-ce pas quelque chose ?

THÉÉTÈTE.

Oui.

L'ÉTRANGER.

Et ce quelque chose, n'est-ce pas ce que vous appelez aussi un, donnant deux noms à une même chose ?

THÉÉTÈTE.

Ici, étranger, quelle réponse pourraient-ils faire ?

L'ÉTRANGER.

Il est certain, Théétète, qu'en se renfermant dans une pareille hypothèse, il n'est pas très facile de répondre à cette question, ni à toute autre.

THÉÉTÈTE.

Comment ?

L'ÉTRANGER.

Accorder qu'il y ait deux noms quand on n'établit qu'une seule chose, ce serait assez ridicule.

THÉÉTÈTE.

Oui certes.

L'ÉTRANGER.

Il ne serait même pas raisonnable de reconnaître qu'il y eût aucun nom.

THÉÉTÈTE.

Comment ?

L'ÉTRANGER.

Admettre le nom comme autre que la chose, c'est admettre deux choses.

THÉÉTÈTE.

Oui.

L'ÉTRANGER.

Si, au contraire, on établit que le nom ne fait qu'un avec la chose, alors on sera obligé de dire ou que le nom n'est le nom de rien, ou bien, si on veut absolument qu'il soit le nom de quelque chose, que le nom est le nom d'un nom, et de rien autre.

THÉÉTÈTE.

Fort bien.

L'ÉTRANGER.

Et que l'unité, n'étant que l'unité de l'unité, n'est à son tour que l'unité d'un nom.

THÉÉTÈTE.

Nécessairement.

L'ÉTRANGER.

Maintenant diront-ils que le tout est autre que l'être un, ou bien qu'il est le même ?

THÉÉTÈTE.

Qu'il est le même, ils le diront et ils le disent.

L'ÉTRANGER.

Mais si le tout est, comme le dit Parménide [1136] ,

Semblable à une sphère bien arrondie de toutes parts,

Du centre projetant des rayons égaux en tout sens ; car qu'il soit plus grand d'un côté,

Ou plus petit de l'autre, cela n'est nullement possible ;

si l'être est tel, il doit avoir un milieu et des extrémités, et dès lors il faut, de toute nécessité, qu'il ait des parties. N'est-il pas vrai ?

THÉÉTÈTE.

Assurément.

L'ÉTRANGER.

Cependant rien n'empêche qu'une chose divisée en parties ne participe de l'unité dans toutes ses parties, et qu'ainsi un tout ne soit un.

THÉÉTÈTE.

Sans doute.

L'ÉTRANGER.

Mais n'est-il pas impossible que cette chose qui participe de l'unité soit l'unité elle-même ?

THÉÉTÈTE.

Comment ?

L'ÉTRANGER.

A parler à la rigueur, on ne doit reconnaître pour véritablement un que ce qui est absolument sans parties.

THÉÉTÈTE.

Nécessairement.

L'ÉTRANGER.

Or, ce dont nous parlons, cet être à plusieurs parties, ne s'accorde point avec cette définition.

THÉÉTÈTE.

Je comprends.

L'ÉTRANGER.

Mais l'être ne fait-il que participer à l'unité et n'est-il un que de l'unité d'un tout, ou ne devons-nous pas refuser absolument d'admettre que l'être soit un tout ?

THÉÉTÈTE.

Tu me proposes là un choix difficile.

L'ÉTRANGER.

Tu as bien raison ; car dès que l'être ne fait que participer à l'unité, il est clair qu'il est différent en quelque manière de l'unité, et alors il y a autre chose dans l'univers que l'unité.

THÉÉTÈTE.

Oui.

L'ÉTRANGER.

Et encore, si l'être n'est pas un tout par lui-même, puisqu'il ne fait que participer à l'unité, et si le tout est quelque chose en soi, il en résulte que l'être se manque à soi-même.

THÉÉTÈTE.

Sans contredit.

L'ÉTRANGER.

Et, par conséquent, se manquant à lui-même, l'être sera le non-être.

THÉÉTÈTE.

Tout à fait.

L'ÉTRANGER.

Et voilà encore une fois l'univers qui comprend plus d'une chose, si l'être et le tout ont chacun leur nature à part.

THÉÉTÈTE.

Oui.

L'ÉTRANGER.

D'autre part, si le tout n'existe en aucune façon ; ce que nous venons de dire de l'être, subsiste, et de plus, outre qu'il n'est pas, il ne peut pas avoir jamais été.

THÉÉTÈTE.

Pourquoi ?

L'ÉTRANGER.

Parce que ce qui arrive à l'existence y arrive toujours formant un tout ; en sorte qu'on ne doit reconnaître ni existence ni génération, si l'on ne met pas le tout au nombre des êtres.

THÉÉTÈTE.

Il semble bien, en effet, qu'il en doit être ainsi.

L'ÉTRANGER.

De plus, ce qui n'est pas un tout ne saurait avoir de quantité ; car quelle que soit la quantité d'une chose, elle est nécessairement un tout pour autant qu'elle a de quantité.

THÉÉTÈTE.

Apparemment.

L'ÉTRANGER.

Celui qui dit que l'être est deux ou qu'il n'est qu'un, [245e] verrait bientôt s'élever de même à chaque pas des milliers de difficultés insurmontables.

THÉÉTÈTE.

Ce que nous venons seulement d'en entrevoir en est déjà la preuve. D'une conséquence en naît toujours une autre qui nous entraîne dans de plus grandes et de plus inextricables erreurs sur tout ce qui a précédé.

L'ÉTRANGER.

Nous n'avons pourtant pas examiné les opinions de tous ceux qui se sont exercés sur l'être et le non-être. Néanmoins, nous pouvons nous en tenir là. Mais à présent il faut nous adresser à ceux qui professent une tout autre doctrine, afin de nous convaincre de toutes les manières qu'il n'est pas plus aisé d'expliquer l'être que le non-être.

THÉÉTÈTE.

Eh bien ! allons trouver aussi ces derniers.

L'ÉTRANGER.

En vérité, il y a entre eux comme une espèce de gigantomachie, tant ils sont peu d'accord dans leurs idées sur l'être.

THÉÉTÈTE.

Comment cela ?

L'ÉTRANGER.

Les uns [1137] rabaissent à la terre toutes les choses du ciel et de l'ordre invisible, et ne savent qu'embrasser grossièrement de leurs mains les pierres et les arbres qu'ils rencontrent. Attachés à tous ces objets, ils nient qu'il y ait rien autre que ce que les sens peuvent atteindre. Le corps et l'être sont pour eux une seule et même chose. Ceux qui viennent leur dire qu'il y a quelque chose qui n'a point de corps, excitent leur mépris, et ils n'en veulent pas entendre davantage.

THÉÉTÈTE.

Tu parles là de terribles gens, avec lesquels j'ai eu maintes fois occasion de me rencontrer.

L'ÉTRANGER.

Aussi leurs adversaires s'en vont-ils avec raison, pour les combattre, chercher dans une région supérieure et invisible des formes intelligibles et incorporelles qu'ils les forcent de reconnaître pour les véritables êtres [1138] ; et quant aux corps et à cette prétendue réalité que les autres admettent seule, ils les réduisent en poussière par leurs raisonnements, et ne leur accordent, au lieu de l'existence, qu'un perpétuel mouvement pour y arriver. Les deux partis, Théétète, se livrent d'interminables combats.

THÉÉTÈTE.

Il est vrai.

L'ÉTRANGER.

Demandons aux deux partis de nous rendre compte tour à tour de leur manière de voir sur la nature de l'être.

THÉÉTÈTE.

Mais comment obtenir qu'ils le fassent ?

L'ÉTRANGER.

Auprès de ceux qui mettent l'existence dans les idées, la chose est moins difficile, attendu qu'ils sont plus traitables ; mais ce sera fort malaisé, je dirai presque impossible, auprès de ceux qui veulent amener toutes choses de vive force à n'être que des corps ; mais voici, je pense, la manière dont il faut nous y prendre avec eux.

THÉÉTÈTE.

Voyons.

L'ÉTRANGER.

Le mieux serait, s'il était possible, de les rendre plus honnêtes réellement ; mais, si cela ne se peut pas, du moins rendons-les tels en paroles, et supposons-leur la volonté de nous répondre avec plus d'égards qu'ils ne sont disposés à le faire ; car c'est avec des gens comme il faut qu'il est important de s'entendre. Après tout, ce n'est pas d'eux que nous nous soucions : nous ne cherchons que la vérité.

THÉÉTÈTE.

Très bien.

L'ÉTRANGER.

Ainsi, prie nos gens de te répondre, puisque les voilà devenus plus obligeants, et charge-toi d'interpréter leurs réponses.

THÉÉTÈTE.

Volontiers.

L'ÉTRANGER.

Lorsqu'ils entendent parler d'un être animé et mortel, croient-ils que ce soit quelque chose ?

THÉÉTÈTE.

Comment ne le croiraient-ils pas ?

L'ÉTRANGER.

Et ne conviennent-ils pas que c'est un corps on respire une âme ?

THÉÉTÈTE.

Sans doute.

L'ÉTRANGER.

Ils mettent donc lame au nombre des êtres ?

THÉÉTÈTE.

Oui.

L'ÉTRANGER.

Bien ; et ne trouvent-ils pas telle âme juste, telle autre injuste, celle-ci sage, celle-là dépourvue de sagesse ?

THÉÉTÈTE.

Sans contredit.

L'ÉTRANGER.

Mais n'avouent-ils pas que c'est par la possession et la présence de la justice, que l'âme devient juste, et par la présence du contraire de la justice qu'elle devient injuste ?

THÉÉTÈTE.

Oui, ils l'avouent encore.

L'ÉTRANGER.

Or, ce qui peut être présent à une chose ou en être absent, il faut bien qu'ils conviennent que c'est quelque chose.

THÉÉTÈTE.

En effet, ils en conviennent.

L'ÉTRANGER.

Si donc la justice, la sagesse et les autres vertus, avec leurs contraires, ainsi que l'âme, où elles se manifestent, ont une existence, nos philosophes disent-ils que quelqu'une de ces choses est visible et tangible, ou bien qu'elles sont toutes invisibles ?

THÉÉTÈTE.

Tout cela sûrement est invisible.

L'ÉTRANGER.

Et prétendent-ils que quelqu'une de ces choses ait un corps ?

THÉÉTÈTE.

Ici ils ne répondent plus de la même manière sur toutes les parties de ta question. Pour l'âme, il leur semble qu'elle possède un corps. Quant à la sagesse et à tout le reste, ils ont également honte et de leur refuser une place parmi les êtres, et de soutenir que ce sont des corps.

L'ÉTRANGER.

Décidément, Théétète, voilà nos gens qui s'humanisent ; car parmi eux, les hommes semés par Cadmus, les vrais fils de la terre, n'auraient honte ni de l'un ni de l'autre de ces deux partis ; ils soutiendraient hardiment que tout ce qu'ils ne peuvent palper de leurs mains n'existe en aucune manière.

THÉÉTÈTE.

Telle est aussi à peu près leur pensée.

L'ÉTRANGER.

Continuons donc nos questions. Du moment qu'ils consentiront à reconnaître quelque chose d'incorporel, si peu que ce soit, cela suffit. En effet, ce qui est incorporel et ce qui est corporel ont en commun quelque chose qui fait dire à nos gens que l'un et l'autre existe. Voilà ce qu'il leur faudra déterminer. Peut-être seront-ils un peu embarrassés, et qui sait si, dans cet embarras, ils n'en viendront pas à admettre cette définition de l'être ?

THÉÉTÈTE.

Laquelle ? Parle, et nous verrons aussitôt.

L'ÉTRANGER.

C'est que tout ce qui possède une puissance quelconque, pour exercer une action quelconque, ou pour en souffrir une : la plus petite et de la chose la plus petite que ce soit, ne fût-ce même que pour une seule fois, tout ce qui possède une semblable puissance est réellement. En un mot, je donne pour définition de l'être que ce n'est autre chose qu'une puissance.

THÉÉTÈTE.

Puisque nos gens n'ont pour le présent, rien de mieux à proposer, ils acceptent ta définition.

L'ÉTRANGER.

A la bonne heure ; plus tard peut-être ne penserons-nous pas de même ni eux non plus, mais en attendant, prenons ce point pour accordé entre eux et nous.

THÉÉTÈTE.

Voilà qui est fait.

L'ÉTRANGER.

Passons aux autres, aux partisans des idées : charge-toi encore d'être leur interprète auprès de nous.

THÉÉTÈTE.

Je le veux bien.

L'ÉTRANGER.

Vous dites donc, n'est-ce pas, qu'il faut distinguer, la génération et l'être ?

THÉÉTÈTE.

Oui.

L'ÉTRANGER.

Que c'est au moyen de la sensation que nous communiquons par le corps avec la génération, et que c'est au moyen de la raison que nous communiquons par l'âme avec la véritable essence, que vous prétendez toujours semblable à elle-même, tandis que la génération est toujours variable ?

THÉÉTÈTE.

C'est encore ce que nous disons.

L'ÉTRANGER.

Mais, chers amis, qu'est-ce donc, dans ces deux cas, que la communication dont vous parlez ? N'est-ce pas ce que nous venons de dire ?

THÉÉTÈTE.

Eh quoi ?

L'ÉTRANGER.

Une passion ou une action, résultat d'une puissance de deux objets mis en rapport. Mais peut-être, Théétète, n'entends-tu pas leur réponse là-dessus tout à fait aussi bien que moi, qui y suis accoutumé dès longtemps.

THÉÉTÈTE.

Que disent-ils donc ?

L'ÉTRANGER.

Ils contestent ce que nous venons d'établir sur l'être avec les enfants de la terre.

THÉÉTÈTE.

Quoi ?

L'ÉTRANGER.

Nous avons cru bien définir les êtres par la puissance d'exercer ou de souffrir une action quelconque, si petite qu'elle soit.

THÉÉTÈTE.

Oui.

L'ÉTRANGER.

A cela ils disent que, quelle que soit cette double puissance, elle appartient à la génération, mais que ni la puissance passive ni la puissance active ne conviennent à l'être.

THÉÉTÈTE.

N'est-ce pas bien dit ?

L'ÉTRANGER.

Nous leur dirons, à notre tour, que nous voudrions bien les voir déclarer plus nettement encore s'ils avouent que l'âme connaît et que l'être est connu.

THÉÉTÈTE.

Sans doute ils l'avoueront.

L'ÉTRANGER.

Eh bien donc, connaître et être connu, est-ce, à votre avis, être actif, ou est-ce être passif, ou est-ce être actif et passif tout ensemble ? Ou bien encore, l'un est-il action, l'autre passion ? Ou enfin ni l'un ni l'autre ne sont-ils ni action ni passion ? Évidemment il » diront que ce ne sont là ni des actions ni des passions ; autrement ils diraient le contraire de ce qu'ils ont avancé tout à l'heure.

THÉÉTÈTE.

J'entends.

L'ÉTRANGER.

C'est-à-dire que si connaître était une action, l'objet connu serait nécessairement dans un état de passion ; d'où il suivrait que l'être connu par la connaissance serait mû, en tant que connu, puisqu'il serait passif : or, c'est ce qui a été reconnu impossible de l'être essentiellement   en   repos.

THÉÉTÈTE.

Fort bien.

L'ÉTRANGER.

Mais quoi, par Jupiter ! nous persuadera-t-on si facilement que, dans la réalité, le mouvement, la vie, l'âme, l'intelligence, ne conviennent pas à l'être absolu ? que cet être ne vit ni ne pense, et qu'il demeure immobile, immuable, sans avoir part à l'auguste et sainte intelligence ?

THÉÉTÈTE.

Ce serait consentir, cher Éléate, à une bien étrange assertion.

L'ÉTRANGER.

Ou bien lui accorderons-nous l'intelligence, en lui refusant la vie ?

THÉÉTÈTE.

Cela ne se peut.

L'ÉTRANGER.

Ou bien encore dirons-nous qu'il y a en lui l'intelligence et la vie, mais que ce n'est pas dans une âme qu'il les possède ?

THÉÉTÈTE.

Et comment pourrait-il les posséder autrement ?

L'ÉTRANGER.

Enfin, que doué d'intelligence, d'âme et de vie, tout animé qu'il est, il demeure dans une complète immobilité ?

THÉÉTÈTE.

Tout cela me paraît déraisonnable.

L'ÉTRANGER.

Il faut donc accorder que le mouvement et ce qui est mû existent.

THÉÉTÈTE.

Sans doute.

L'ÉTRANGER.

Car si tout est immobile, il ne peut y avoir aucune connaissance d'aucune chose.

THÉÉTÈTE.

Évidemment.

L'ÉTRANGER.

Et pourtant, si nous reconnaissons que tout est livré à un perpétuel mouvement, nous retranchons du nombre des êtres, par le même raisonnement, cela même que nous venons d'établir.

THÉÉTÈTE.

Comment ?

L'ÉTRANGER.

Penses-tu que sans stabilité il puisse rien y avoir qui soit le même dans ses modes, dans sa durée, dans ses rapports ?

THÉÉTÈTE.

Nullement.

L'ÉTRANGER.

Et vois-tu que sans cela quelque connaissance au monde puisse être ou paraître ?

THÉÉTÈTE.

Pas davantage.

L'ÉTRANGER.

Et certes il faut combattre avec toutes les armes du raisonnement celui qui, détruisant la science, la pensée, l'intelligence, prétend encore pouvoir affirmer quelque chose de quoi que ce soit.

THÉÉTÈTE.

 Assurément.

L'ÉTRANGER.

 Ainsi le philosophe, lui qui a pour toutes ces choses la plus haute estime, est absolument forcé de n'écouter ni ceux qui croient le monde immobile, qu'ils le fassent un ou multiple, ni ceux qui mettent l'être dans un mouvement universel. Entre le repos et le mouvement de l'être et du monde, il faut qu'il fasse comme les enfants dans leurs souhaits [1139] , qu'il les prenne l'un et l'autre.

THÉÉTÈTE.

 Rien de plus vrai.

L'ÉTRANGER.

 Eh bien ! ne trouves-tu pas que nous avons examiné l'être d'une manière convenable ?

THÉÉTÈTE.

 Οαι, parfaitement.

L'ÉTRANGER.

 Ah ! Théétète, il me semble que nous en sommes arrivés seulement à reconnaître toute la difficulté de la question

THÉÉTÈTE.

 Qu'est-ce ? Où veux-tu en venir ?

L'ÉTRANGER.

 Ne vois-tu pas, mon cher ami, que nous sommes maintenant dans la plus complète ignorance sur notre sujet, tandis que nous pensions en avoir dit quelque chose de raisonnable ?

THÉÉTÈTE.

 Pour moi, je m'en flatte, et je ne conçois pas bien en quoi nous nous sommes abusés.

L'ÉTRANGER.

 Examine bien si, d'après tout ce que nous venons d'accorder, nous ne pourrions pas, avec juste raison, être pressés à notre tour par les mêmes questions que nous faisions à ceux qui disent que le chaud et le froid sont les éléments de l'univers.

THÉÉTÈTE.

Lesquelles ? Rappelle-les-moi

L'ÉTRANGER.

Volontiers, et je veux te les adresser directement, comme je faisais tout à l'heure aux autres ; afin que nous avancions ensemble.

THÉÉTÈTE.

Soit.

L'ÉTRANGER.

Eh bien, ne penses-tu pas que le mouvement et le repos sont absolument contraires l'un à l'autre ?

THÉÉTÈTE.

Certainement.

L'ÉTRANGER.

Et tu prétends aussi que l'un et l'autre existe également ?

THÉÉTÈTE.

Oui.

L'ÉTRANGER.

Penses-tu, en accordant qu'ils existent, que l'un et l'autre soit mû également ?

THÉÉTÈTE.

Non, certes.

L'ÉTRANGER.

Mais, en disant qu'ils existent, veux-tu faire entendre que tous deux sont en repos ?

THÉÉTÈTE.

Impossible.

L'ÉTRANGER.

Alors c'est que tu te représentes l'être comme une troisième chose différente de ces deux-là, et que, considérant le repos et le mouvement comme compris dans l'être et en une sorte de communauté avec lui, dans ce point de vue tu as pu dire que tous deux existent.

THÉÉTÈTE.

Il paraît, en effet, que nous mettons l'être en tiers quand nous accordons que le mouvement et le repos existent.

L'ÉTRANGER.

Ainsi l'être n'est pas le mouvement et le repos pris ensemble ; c'est quelque chose qui en est différent.

THÉÉTÈTE.

Il y a apparence.

L'ÉTRANGER.

Par conséquent l'être, par sa nature, ne se meut ni ne se repose.

THÉÉTÈTE.

Peut-être.

L'ÉTRANGER.

Alors, de quel côté se tourner si l'on veut établir quelque chose de net sur son compte ?

THÉÉTÈTE.

De quel côté, en effet ?

L'ÉTRANGER.

De toutes parts je ne vois que des difficultés. Car si une chose ne se meut point, comment n'est-elle pas en repos ; ou comment ce qui n'est jamais en repos, ne se meut-il point ? Or, l'être nous est apparu comme étranger à ces choses ; cela est-il donc possible ?

THÉÉTÈTE.

C'est absolument impossible.

L'ÉTRANGER.

Il y a donc une chose qu'il est juste de nous rappeler à ce sujet.

THÉÉTÈTE.

Laquelle ?

L'ÉTRANGER.

C'est que quand on nous demandait à quoi appliquer le nom du non-être, nous nous trouvions dans un grand embarras. Tu t'en souviens ?

THÉÉTÈTE.

Oui.

L'ÉTRANGER.

Et sommes-nous en ce moment dans un moindre embarras au sujet de l'être ?

THÉÉTÈTE.

Il me semble que nous sommes encore plus embarrassés, s'il est possible.

L'ÉTRANGER.

Pour cela, c'est un point que nous pouvons laisser indécis. Mais, puisque l'être et le non-être nous embarrassent également, nous pouvons espérer maintenant que si l'un des deux se présente à nous avec plus ou moins de confusion ou de netteté, l'autre se présentera à nous de la même manière ; et, dans le cas même où nous ne pourrions voir ni l'un ni l'autre, nous devrions encore les poursuivre tous deux simultanément du mieux qu'il nous serait possible.

THÉÉTÈTE.

Fort bien.

L'ÉTRANGER.

Éclaircissons donc comment il se fait que nous appelons une même chose de plusieurs noms différents.

THÉÉTÈTE.

Comment ? Donne-moi un exemple.

L'ÉTRANGER.

En parlant d'un homme, nous lui appliquons une foule de dénominations ; nous le désignons par la couleur, la forme, les dimensions, des vices, des vertus ; au moyen de quoi, ainsi que dans mille autres cas, nous disons non seulement que c'est un homme, mais encore qu'il est bon, ou telle et telle autre chose à l'infini. Et de même en arrive-t-il de tous les autres objets que nous envisageons chacun comme une seule chose tout en lui attribuant une foule de propriétés et de noms divers.

THÉÉTÈTE.

Tu as raison.

L'ÉTRANGER.

En procédant ainsi, nous allons bien régaler, je pense, nos jeunes apprentis et nos vieux entêtés. Le premier venu pourra nous objecter qu'il est impossible que plusieurs soient un, et que un soit plusieurs, et voilà nos gens enchantés de vous apprendre que homme bon ne se peut dire, et que, d'une part, l'homme est homme, et, de l'autre, le bon est bon. Tu n'es pas, je crois, Théétète, sans avoir rencontré plus d'une fois des gens qui s'adonnent à de pareilles arguties, et souvent même des vieillards qui, par pauvreté d'esprit et de connaissance, sont en admiration devant ces choses-là et s'imaginent y avoir trouvé des trésors de sagesse.

THÉÉTÈTE.

Oui, j'en ai rencontré.

L'ÉTRANGER.

Eh bien ! afin de nous adresser à tous ceux qui ont jamais raisonné d'une manière quelconque sur l'être, convenons que les questions que je vais proposer, seront dirigées contre ces derniers aussi bien que contre tous les autres avec qui déjà nous avons eu affaire.

THÉÉTÈTE.

Quelles questions ?

L'ÉTRANGER.

C'est de savoir si nous ôterons l'être au mouvement et au repos, et en général si nous exclurons toute chose quelconque de toute autre chose, et si nous établirons en principe que chacune est essentiellement inalliable et ne peut participer d'aucune autre ; ou bien si nous les mettrons toutes ensemble, comme étant susceptibles d'une certaine communauté entre elles ; ou enfin si nous le ferons pour quelques-unes et pour d'autres non ? Que pensons-nous, Théétète, que nos sages veuillent choisir de ces trois partis ?

THÉÉTÈTE.

A cet égard, je ne saurais répondre pour eux. Que ne te charges-tu toi-même de faire l'une après l'autre chacune de ces trois réponses, pour voir ce qui en pourra résulter ?

L'ÉTRANGER.

C'est bien dit. Supposons donc, en premier lieu, si tu le veux, qu'ils nous disent : nulle chose n'a la propriété d'entrer en communication d'une manière quelconque avec nulle autre chose. En ce cas, le mouvement et le repos ne participeront en rien de l'être.

THÉÉTÈTE.

Non, sans doute.

L'ÉTRANGER.

Eh quoi ! l'une ou l'autre de ces deux choses pourra-t-elle exister n'ayant rien de commun avec l'être ?

THÉÉTÈTE.

Nullement.

L'ÉTRANGER.

Voilà une concession qui, ce me semble, doit tout ébranler de prime abord, aussi bien parmi ceux qui mettent l'univers en mouvement que parmi ceux qui le tiennent en repos comme étant un, et ceux enfin, qui sans le système des idées veulent que l'être demeure toujours invariable et dans le même état. Car enfin tous impliquent l'être quand ils disent soit qu'il est réellement en mouvement, soit qu'il est réellement en repos.

THÉÉTÈTE.

Cela est évident

L'ÉTRANGER.

Et ceux encore qui font l'univers tantôt un et tantôt multiple, soit qu'ils distinguent l'unité et, l'infini sorti de l'unité ou bien des éléments finis avec lesquels ils construisent un tout, qu'ils supposent que cette combinaison se renouvelle ou qu'ils la fassent éternelle, tous ces gens-là se trouvent également n'avoir rien dit de raisonnable dès qu'il n'y a aucune communauté entre les choses.

THÉÉTÈTE.

D'accord.

L'ÉTRANGER.

Bien mieux ; ceux-là même qui ne veulent pas permettre qu'une chose soit dite d'une autre, en vertu de leur communication réciproque, seront obligés de prendre à partie leur propre langage de la manière la plus plaisante.

THÉÉTÈTE.

Comment cela ?

L'ÉTRANGER.

Il faut bien à toute force qu'ils se servent des mots *être* , *séparément* , *le même* , *autre* , et de mille autres du même genre, incapables qu'ils sont de s'empêcher de les mêler dans leurs discours ; de sorte qu'ils n'ont besoin de personne qui les réfute, mais qu'ils logent, comme on dit, l'ennemi avec eux, et vont portant partout en eux-mêmes leur contradicteur, comme ce pauvre fou d'Euryclès.

THÉÉTÈTE.

En effet, cela se ressemble beaucoup, et tu as bien raison.

L'ÉTRANGER.

Mais quoi ! nous laissons à toutes les choses le pouvoir de communiquer entre elles ?

THÉÉTÈTE.

Pour cette supposition, je me chargerais de la réfuter moi-même.

L'ÉTRANGER.

Comment ?

THÉÉTÈTE.

Parce que le mouvement serait en repos, et qu'à son tour le repos serait en mouvement, si l'un et l'autre communiquait entre eux ; il est pourtant de la dernière impossibilité que le mouvement soit en repos et que le repos se meuve.

L'ÉTRANGER.

Soit. Reste la troisième supposition.

THÉÉTÈTE.

Oui.

L'ÉTRANGER.

Il faut bien enfin que l'une de ces trois suppositions soit vraie, que tout peut se mêler, que rien ne le peut, ou qu'il y a des choses qui le peuvent et d'autres qui ne le peuvent pas.

THÉÉTÈTE.

Certainement.

L'ÉTRANGER.

Or, nous avons vu que les deux premières sont impossibles

THÉÉTÈTE.

Oui.

L'ÉTRANGER.

Ainsi, c'est à la dernière qu'il faut s'en tenir si l'on veut bien répondre.

THÉÉTÈTE.

Évidemment.

L'ÉTRANGER.

Puisqu'il y a des choses qui peuvent se mêler et d'autres qui ne le peuvent pas, c'est à peu près de même que pour les lettres de l'alphabet, dont les unes s'accordent et les autres ne s'accordent pas ensemble.

THÉÉTÈTE.

Cela est vrai.

L'ÉTRANGER.

Les voyelles ont sur les autres lettres ce privilège de s'interposer entre toutes et de leur servir de lien, tellement que, sans le secours de quelques voyelles, il est impossible de faire accorder les autres lettres entre elles.

THÉÉTÈTE.

Tout à fait.

L'ÉTRANGER.

Mais tout le monde sait-il distinguer les lettres qui peuvent être alliées entre elles de celles qui ne le peuvent pas, ou bien faut-il un art pour opérer comme il faut ces alliances ?

THÉÉTÈTE.

Il faut un art.

L'ÉTRANGER.

Et quel art ?

THÉÉTÈTE.

La grammaire.

L'ÉTRANGER.

Et n'en est-il pas de même à l'égard des sons graves ou aigus ? Celui qui possède l'art de connaître les sons qui peuvent ou ne peuvent pas s'accorder, n'est-ce pas un musicien, et celui qui n'y entend rien un homme ignorant en musique ?

THÉÉTÈTE.

Oui.

L'ÉTRANGER.

Autant en pourrions-nous dire pour les autres arts.

THÉÉTÈTE.

Tu as raison.

L'ÉTRANGER.

Eh bien ! puisque nous reconnaissons que les genres sont de même susceptibles de mélange, n'est-il pas nécessaire de posséder une certaine science pour conduire son raisonnement, quand on veut démontrer quels sont ceux de ces genres qui s'accordent entre eux et ceux qui ne s'accordent pas, ou rechercher si les genres se tiennent en toutes choses de manière à pouvoir se mêler indistinctement les uns avec les autres, et réciproquement, en prenant les choses par la division, s'il y a quelque raison opposée de diviser et de séparer les uns des autres tous les genres.

THÉÉTÈTE.

Comment ne faudrait-il pas pour cela une science, et peut-être même la plus haute ?

L'ÉTRANGER.

Et de quel nom, Théétète, la nommerons-nous ? Par Jupiter ! en serions-nous venus, sans nous en douter, à la science des hommes libres, et tout en cherchant le sophiste, aurions-nous d abord trouvé le philosophe ?

THÉÉTÈTE.

Que veux-tu dire ?

L'ÉTRANGER.

Diviser par genres, ne pas prendre pour différents ceux qui sont identiques, ni pour identiques ceux qui sont différents, ne dirons-nous pas que c'est l'œuvre de la science dialectique ?

THÉÉTÈTE.

Oui, nous le dirons.

L'ÉTRANGER.

Ainsi celui qui est capable de faire ce travail, démêle comme il faut l'idée unique répandue dans une multitude d'individus qui existent séparément les uns des autres ; puis une multitude d'idées différentes renfermée dans une idée générale ; puis encore une multitude d'idées générales contenue dans une idée supérieure, et d'un autre côté une multitude d'idées absolument séparées les unes des autres. Voilà ce qui s'appelle savoir discerner, au moyen de la division par genres, ceux qui s'allient ou ne s'allient pas entre eux.

THÉÉTÈTE.

Fort bien.

L'ÉTRANGER.

Mais cet art de la dialectique, tu ne l'attribueras, si je ne me trompe, à nul autre qu'à celui qui s'applique à la philosophie avec une âme pure et droite.

THÉÉTÈTE.

Oui, car à quel autre pourrait-on l'attribuer ?

L'ÉTRANGER.

C'est donc en quelque endroit semblable que nous trouverons le philosophe, soit aujourd'hui, soit plus tard, si nous nous mettons une fois à le chercher, quoique celui-là ne soit pas non plus facile à bien voir. Pourtant la difficulté est ici d'une tout autre sorte que pour le sophiste.

THÉÉTÈTE.

Comment ?

L'ÉTRANGER.

L'un s'enfuit dans les ténèbres du non-être, et s'y établit comme dans une retraite qui lui est familière ; c'est l'obscurité du lieu qui le rend difficile à reconnaître, n'est-il pas vrai ?

THÉÉTÈTE.

Je le crois.

L'ÉTRANGER.

Mais pour le philosophe, dont la pensée est en commerce perpétuel avec l'idée de l'être, c'est à cause de l'éclat de cette région qu'il n'est nullement aisé à apercevoir ; car, chez la plupart des hommes, les yeux de l'âme ne sont pas de force à soutenir longtemps la vue des choses divines.

THÉÉTÈTE.

Cette explication me paraît aussi probable que l'autre.

L'ÉTRANGER.

Peut-être chercherons-nous tout à l'heure à mieux connaître le philosophe, si le cœur nous en dit encore ; mais, pour le sophiste, il est évident que nous ne devons pas le laisser aller avant de l'avoir suffisamment considéré.

THÉÉTÈTE.

C'est bien dit.

L'ÉTRANGER.

Nous sommes tombés d'accord qu'il y a des genres qui peuvent s'associer entre eux, d'autres qui ne le peuvent pas ; que les uns peuvent s'associer à un petit nombre de genres seulement, d'autres à un grand nombre, d'autres enfin à tous et de toutes les manières. Poursuivons maintenant en examinant non pas toutes les idées, de peur de nous perdre dans cette multitude, mais quelques-unes choisies parmi celles que l'on appelle les plus grandes ; considérons d'abord ce quelles sont chacune à part, ensuite jusqu'à quel point elles sont susceptibles d'être associées les unes avec les autres, afin que si nous ne pouvons pas obtenir une connaissance parfaitement claire de l'être et du non-être, du moins nous ne nous trouvions pas dans l'impossibilité d'en rendre compte, dans les limites mêmes de la question que nous nous sommes posée, celle de savoir si nous pouvons dire impunément du non-être qu'il est réellement sans existence.

THÉÉTÈTE.

C'est ce qu'il faut faire.

L'ÉTRANGER.

De tous les genres dont nous avons parlé tout à l'heure, les plus grands sont l'être lui-même, le repos et le mouvement.

THÉÉTÈTE.

Sans contredit.

L'ÉTRANGER.

Nous avons dit que les deux derniers ne peuvent pas être mêlés l'un avec l'autre ?

THÉÉTÈTE.

Oui.

L'ÉTRANGER.

Mais l'être peut être mêlé avec tous les deux ; car tous deux ils sont.

THÉÉTÈTE.

Sans doute.

L'ÉTRANGER.

Ainsi, cela fait trois.

THÉÉTÈTE.

Certainement.

L'ÉTRANGER.

Et chacun d'eux est autre que les deux autres, et le même que soi.

THÉÉTÈTE.

 Oui.

L'ÉTRANGER.

 Mais qu'est-ce que nous venons de dire encore, l'autre et le même ?
Sont-ce deux genres différents de ces trois-là, et qui pourtant soient
toujours nécessairement mêlés avec eux, et cela fait-il en tout cinq
genres à examiner au lieu de trois ? Ou bien ne nous sommes-nous pas
aperçus que nous ne donnions ces noms de même et d'autre qu'à l'un
de ces trois genres ?

THÉÉTÈTE.

 Peut-être.

L'ÉTRANGER.

 Cependant ni le mouvement ni le repos ne sont l'autre ni le même.

THÉÉTÈTE.

 Comment ?

L'ÉTRANGER.

 Ce que nous attribuons en commun au repos et au mouvement, ne
peut être ni le repos ni le mouvement.

THÉÉTÈTE.

 Et pourquoi ?

L'ÉTRANGER.

 C'est qu'alors et le mouvement se mettra en repos et le repos en
mouvement ; car si l'un des deux, quel qu'il soit, tient de tous deux,
l'autre sera forcé de se changer dans le contraire de sa nature, puisqu'il
participe de ce contraire.

THÉÉTÈTE.

 Évidemment.

L'ÉTRANGER.

 Or tous deux participent du même et de l'autre.

THÉÉTÈTE.

 Oui.

L'ÉTRANGER.

 Ne disons donc pas que le mouvement est le même ou l'autre, ni le
repos non plus.

THÉÉTÈTE.

Soit.

L'ÉTRANGER.

Mais peut-être devrons-nous considérer l'être et le même comme ne faisant qu'un ?

THÉÉTÈTE.

Peut-être.

L'ÉTRANGER.

Mais si l'être et le même ne font qu'un, quand nous dirons que le mouvement et le repos sont tous les deux, nous dirons que tous les deux sont le même, par cela que tous les deux sont.

THÉÉTÈTE.

C'est pourtant une chose impossible.

L'ÉTRANGER.

Ainsi il est impossible que l'être et le même ne fassent qu'un.

THÉÉTÈTE.

A ce qu'il semble.

L'ÉTRANGER.

Poserons-nous donc le même comme une quatrième idée différente des trois autres ?

THÉÉTÈTE.

Certainement.

L'ÉTRANGER.

Mais quoi ? faut-il faire de l'autre une cinquième espèce, ou bien considérer l'autre et l'être comme deux noms d'un seul et même genre ?

THÉÉTÈTE.

Peut-être bien.

L'ÉTRANGER.

Tu m'accorderas, je pense, que parmi tout ce qui est il y a des choses dont on parle comme étant en elles-mêmes, et des choses dont on ne parle que relativement à d autres ?

THÉÉTÈTE.

Assurément.

L'ÉTRANGER.

Or autre ne se dit que relativement à quelque chose d'autre. N'est-il pas vrai ?

THÉÉTÈTE.

Oui.

L'ÉTRANGER.

C'est cet qui ne pourrait être si l'être et l'autre n'étaient pas entièrement différents ; car si l'autre se disait, comme l'être, de ces deux manières, parmi les choses autres il y en aurait qui seraient autres sans rapport à aucune autre. Mais nous venons de vairon en général tout ce qui est autre n'est tel que comme autre que quelque autre chose.

THÉÉTÈTE.

Tu as raison.

L'ÉTRANGER.

Il faut donc considérer l'autre comme la cinquième des idées que nous avons choisies.

THÉÉTÈTE.

Oui.

L'ÉTRANGER.

Et nous dirons qu'elle est répandue dans toutes ; car chacune est autre que tout le reste, non par sa nature propre, mais parce qu'elle participe à l'idée de l'autre.

THÉÉTÈTE.

Fort bien.

L'ÉTRANGER.

Voici donc ce que nous dirons de ces cinq idées, en les reprenant une à une.

THÉÉTÈTE.

Voyons.

L'ÉTRANGER.

D'abord que le mouvement est absolument différent du repos. N'est-ce pas ?

THÉÉTÈTE.

D'accord.

L'ÉTRANGER.

Ainsi, il n'est point le repos.

THÉÉTÈTE.

En aucune manière.

L'ÉTRANGER.

Mais il est, par participation à l'être.

THÉÉTÈTE.

Oui.

L'ÉTRANGER.

D'un autre côté, le mouvement est aussi différent du même.

THÉÉTÈTE.

Oui.

L'ÉTRANGER.

Il n'est donc pas le même.

THÉÉTÈTE.

Non.

L'ÉTRANGER.

Et pourtant il est le même, parce que tout participe au même.

THÉÉTÈTE.

Soit.

L'ÉTRANGER.

Il faut donc reconnaître que le mouvement est le même et n'est pas le même, et ne pas s'effaroucher de cela ; car quand nous disons qu'il est le même et n'est pas le même, ce n'est pas dans le même sens. Quand nous disons qu'il est le même, c'est à cause de sa participation à l'idée du même ; quand nous disons qu'il n'est pas le même, c'est par rapport à ce qu'il a de commun avec l'autre, qui le distingue du même et fait qu'il est autre que le même, de sorte qu'on peut aussi dire justement qu'il n'est pas le même.

THÉÉTÈTE.

Tout à fait.

L'ÉTRANGER.

En ce sens, s'il se pouvait faire que le mouvement participât du repos, il n'y aurait, rien de déraisonnable à l'appeler stable.

THÉÉTÈTE.

Ce serait au mieux ; mais nous sommes convenus qu'il y a des genres qui peuvent être mêlés les uns avec les autres, et d'autres qui ne le peuvent pas.

L'ÉTRANGER.

Oui ; c'est ce que nous avons démontré avant d'en venir où nous en sommes maintenant ; nous avons prouvé que c'est une distinction fondée dans la nature.

THÉÉTÈTE.

Sans doute.

L'ÉTRANGER.

Continuons. Le mouvement est autre que l'autre, comme nous venons de faire voir qu'il est différent du même et du repos.

THÉÉTÈTE.

Nécessairement.

L'ÉTRANGER.

Il est autre en un sens, et en un autre il ne l'est pas, suivant notre observation précédente.

THÉÉTÈTE.

C'est juste.

L'ÉTRANGER.

Quoi de plus ? Dirons-nous que le mouvement est différent de ces trois idées et non de la quatrième, après être convenus que les idées que nous avons choisies pour les examiner, sont au nombre de cinq ?

THÉÉTÈTE.

Non ; nous ne pouvons réduire maintenant le nombre que nous venons de reconnaître.

L'ÉTRANGER.

Persistons donc à déclarer sans crainte et soutenons contre tout venant que le mouvement est autre que l'être.

THÉÉTÈTE.

Sans la moindre crainte.

L'ÉTRANGER.

Ainsi, il est clair que le mouvement n'est réellement pas, et qu'il est, en tant qu'il participe de l'être.

THÉÉTÈTE.

 Cela est parfaitement clair.

L'ÉTRANGER.

 Il y a donc nécessairement du non-être et dans le mouvement et dans tous les genres ; car la nature de l'autre, répandue en tout, rendant chaque chose autre que l'être, en fait du non-être ; et en ce sens on est en droit de dire que tout est non-être, tandis que dans un autre sens, en tant que tout participe de l'être, on peut dire que tout est être.

THÉÉTÈTE.

 Il y a apparence.

L'ÉTRANGER.

 Ainsi, en chaque idée, il y a beaucoup d'être et infiniment de non-être.

THÉÉTÈTE.

 Il semble.

L'ÉTRANGER.

 Ne faut-il pas dire aussi de l'être qu'il est autre que tout le reste ?

THÉÉTÈTE.

 Nécessairement.

L'ÉTRANGER.

 Par conséquent, autant il y a de choses différentes de l'être, autant de fois l'être n'est pas. Car n'étant pas toutes ces choses, il est lui-même un, mais il n'est pas tout le reste, en nombre infini.

THÉÉTÈTE.

 Il paraît.

L'ÉTRANGER.

 Il ne faut pas s'effaroucher de cela, attendu que les genres sont susceptibles d'être associés les uns aux autres. Si on refuse de nous accorder notre dernière proposition, qu'on nous persuade d'abord sur les principes, on nous persuadera facilement sur les conséquences.

THÉÉTÈTE.

 Rien de plus juste.

L'ÉTRANGER.

 Voyons encore ceci.

THÉÉTÈTE.

 Et quoi ?

L'ÉTRANGER.

 Lorsque nous disons le non-être, nous ne parlons pas, je crois, du contraire de l'être, mais seulement de quelque chose d'autre.

THÉÉTÈTE.

 Comment ?

L'ÉTRANGER.

 Par exemple, quand nous disons quelque chose qui n'est pas grand, voit-on que nous désignons par cette expression le petit plutôt que le moyen ?

THÉÉTÈTE.

 Nullement.

L'ÉTRANGER.

 Ainsi nous n'admettrons pas qu'une négation signifie le contraire, mais seulement quelque chose de différent des noms qui la suivent, ou, pour mieux dire, des choses auxquelles s'appliquent les noms que la négation précède.

THÉÉTÈTE.

 A merveille.

L'ÉTRANGER.

 Voyons si tu seras encore d'accord avec moi sur ce point-ci.

THÉÉTÈTE.

 Lequel   ?

L'ÉTRANGER.

 L'idée de l'autre me paraît divisée en quantité de parties comme la science.

THÉÉTÈTE.

 Comment ?

L'ÉTRANGER.

 La science est aussi une en quelque manière ; mais chacune de ses parties appliquée à un objet quelconque, forme une division à part et reçoit un nom particulier. De là cette foule de sciences et d'arts diversement nommés.

THÉÉTÈTE.

Sans doute.

L'ÉTRANGER.

Eh bien ! n'en est-il pas de même des parties de l'idée de l'autre, qui pourtant est une ?

THÉÉTÈTE.

Peut-être, mais voyons comment cela se fait.

L'ÉTRANGER.

N'y a-t-il pas une partie de l'autre qui cet opposée au beau ?

THÉÉTÈTE.

Oui.

L'ÉTRANGER.

Est-ce une chose sans nom, ou qui a un nom ?

THÉÉTÈTE.

Une chose qui a un nom ; ce que nous appelons non-beau, c'est ce qui est particulièrement autre que le beau.

L'ÉTRANGER.

Maintenant dis-moi ceci.

THÉÉTÈTE.

Quoi ?

L'ÉTRANGER.

Le non-beau ne vient-il pas d'une chose qu'on tire d'un des genres des êtres, et que derechef on oppose à quelque autre être ?

THÉÉTÈTE.

Oui.

L'ÉTRANGER.

Le non-beau consiste donc, à ce qu'il paraît, dans une opposition d'un être avec un être.

THÉÉTÈTE.

Très bien.

L'ÉTRANGER.

Mais quoi ! de cette manière avons-nous moins de raisons pour mettre le non-beau au nombre des êtres que pour y mettre le beau ?

THÉÉTÈTE.

Point du tout.

L'ÉTRANGER.

On doit donc dire du non grand qu'il est, tout aussi bien que du grand lui-même.

THÉÉTÈTE.

Tout aussi bien.

L'ÉTRANGER.

Ainsi, le non juste doit être assimilé au juste sous ce rapport que l'un n'existe pas moins que l'autre.

THÉÉTÈTE.

Évidemment.

L'ÉTRANGER.

Et nous en dirons autant du reste, dès que l'autre nous a paru être au nombre des êtres ; s'il existe, il faut admettre que ses parties n'existent pas moins.

THÉÉTÈTE.

Nécessairement.

L'ÉTRANGER.

Ainsi apparemment l'opposition entre une partie de l'autre et l'être, mis en regard l'un de l'autre, n'existe pas moins, si j'ose le dire, que l'être lui-même, et cette opposition ne représente point le contraire de l'être, mais seulement quelque chose d'autre que lui.

THÉÉTÈTE.

Rien de plus clair.

L'ÉTRANGER.

Or, quel nom lui donnerons-nous ?

THÉÉTÈTE.

Évidemment c'est là le non-être que nous cherchions en cherchant le sophiste.

L'ÉTRANGER.

Est-il vrai, comme tu le disais, qu'il ne le cède du côté de l'être à aucune autre chose ? Faut-il soutenir hardiment que le non-être existe réellement ayant sa nature à lui, et comme nous avons vu que le grand est grand, que le beau est beau, que le non-grand est non-grand et que le non-beau est non-beau, de même avons-nous dû et devons-nous encore dire que le non-être existe à l'état de non-être, et qu'il est au nombre des êtres comme une de leurs espèces ? Ou bien, Théétète, nous reste-t-il encore quelque doute sur son existence ?

THÉÉTÈTE.

Aucun.

L'ÉTRANGER.

Sais-tu que nous avons transgressé la défense de Parménide, et bien au-delà ?

THÉÉTÈTE.

En quoi ?

L'ÉTRANGER.

Nous avons poussé notre démonstration plus loin qu'il ne nous permettrait d'étendre même notre examen.

THÉÉTÈTE.

Et comment ?

L'ÉTRANGER.

Ne nous dit-il pas :
Tu ne comprendras jamais que ce qui n'est pas soit;
Éloigne ta pensée de cette recherche [1141]

THÉÉTÈTE.

Ce sont en effet ses paroles.

L'ÉTRANGER.

Nous, nous n'avons pas seulement démontré que le non-être est, nous avons fait voir quelle est l'idée du non-être ; car, après avoir démontré que l'autre existe, et qu'il est partagé entre tous les êtres comparés les uns aux autres, nous avons osé dire que c'est chacune de ses parties dans son opposition à l'être, qui est réellement le non-être.

THÉÉTÈTE.

Et je crois, étranger, que nous avons eu parfaitement raison.

L'ÉTRANGER.

Qu'on ne vienne donc pas nous reprocher qu'après avoir présenté le non-être comme le contraire de l'être, nous osons affirmer son existence ; car, quant à un contraire de l'être, il y a longtemps que nous avons renoncé à discuter s'il y en a ou s'il n'y en a pas, et si l'on peut ou non l'expliquer. Mais pour la définition que nous venons de donner du non-être, qu'on nous prouve en nous réfutant qu'elle est fausse ; ou tant qu'on ne pourra le faire, il faut qu'on dise ce que nous avons dit, que les genres se mêlent les uns avec les autres, que l'être et l'autre pénètrent dans tous, et aussi l'un dans l'autre ; que l'autre, participant à l'être, est par cette participation, et n'est pourtant pas ce à quoi il participe, mais quelque chose d'autre ; qu'étant autre que l'être, il ne peut évidemment être que le non-être ; que l'être à son tour participant à l'autre est autre que tous les autres genres ; qu'étant autre qu'eux tous, il n'est pas chacun d'eux ni eux tous à la fois et n'est que lui-même ; en sorte qu'incontestablement il y a mille choses que l'être n'est pas, par rapport à mille choses, et on peut dire de même de chacun des autres genres et de tous à la fois qu'ils sont de plusieurs manières, et que de plusieurs manières ils ne sont pas.

THÉÉTÈTE.

Cela est vrai.

L'ÉTRANGER.

Et si quelqu'un refuse son assentiment à ces contradictions, celui-là n'a qu'à y bien regarder et à nous offrir quelque solution meilleure. Si, au contraire, croyant avoir fait merveille, on se complaît à tirer ces raisonnements tantôt dans un sens, tantôt dans un autre, on y prendra bien plus de peine que cela ne vaut, comme nous le voyons maintenant. Car tout cela n'est ni fort spirituel ni difficile à trouver ; mais ce qui est à la fois difficile et beau, le voici.

THÉÉTÈTE.

Qu'est-ce ?

L'ÉTRANGER.

Ce dont nous avons parlé précédemment, savoir, de laisser de côté tout cela, et d'être en état de suivre pas à pas, le plus possible, en les réfutant, ceux qui viennent dire que ce qui est autre est le même, ou ce qui est le même autre en un certain sens, en le prenant dans ce sens même et sous le point de vue dans lequel ils veulent qu'il en soit ainsi. Mais de prouver vaguement que le même est autre, l'autre identique, le grand petit, le semblable dissemblable, et de s'amuser à faire comparaître de la sorte les contraires dans son discours, ce n'est pas là une véritable méthode dialectique ; c'est celle d'un novice qui commence à peine à faire connaissance avec les êtres.

THÉÉTÈTE.

Certainement.

L'ÉTRANGER.

En effet, mon cher, cette manie de séparer toutes choses les unes des autres, absurde en elle-même, annonce un esprit étranger aux Muses et à la philosophie.

THÉÉTÈTE.

Pourquoi ?

L'ÉTRANGER.

Parce que le moyen le plus sûr d'anéantir tout discours, c'est de disloquer ainsi toutes choses ; car c'est à l'enchaînement des idées entre elles que nous devons le langage.

THÉÉTÈTE.

Il est vrai.

L'ÉTRANGER.

Vois combien nous nous y sommes pris à propos pour combattre ceux qui ont cette prétention, et les forcer de consentir au mélange d'une chose avec une autre.

THÉÉTÈTE.

Mais dans quel but ?

L'ÉTRANGER.

C'est que le langage humain est aussi un des genres qui existent. Si nous en étions privés, le plus grave résultat serait d'abord pour nous d'être privés de toute philosophie : mais ici il fout en outre que nous nous entendions un peu sur ce que c'est que le langage. Si nous le supprimons absolument, nous ne pourrons plus rien dire : or ce serait le supprimer absolument que d'accorder qu'il n'y a aucun mélange d'une chose avec une autre chose.

THÉÉTÈTE.

Pour ceci, c'est fort juste ; mais je ne vois pas bien pourquoi nous avons besoin de nous entendre sur ce qu'est le langage.

L'ÉTRANGER.

Tu le verras mieux sans doute en me suivant par ici.

THÉÉTÈTE.

Par où ?

L'ÉTRANGER.

Le non-être noua est apparu comme l'un de ces genres dont nous parlions, et répandu dans tous les êtres.

THÉÉTÈTE.

 Oui.

L'ÉTRANGER.

 Or, il nous reste à considérer s'il se mêle à l'opinion et au discours.

THÉÉTÈTE.

 Pourquoi ?

L'ÉTRANGER.

 S'il ne s'y mêle point, il s'ensuit que tout sera vrai ; s'il s'y mêle, l'opinion et le discours seront faux ; car penser ou dire le non-être, c'est proprement se qui fait le faux dans l'esprit et dans le discours.

THÉÉTÈTE.

 Il est vrai.

L'ÉTRANGER.

 Or, s'il y a du faux, il y a aussi de l'erreur.

THÉÉTÈTE.

 Oui.

L'ÉTRANGER.

 Et s'il y a de l'erreur, il faut que tout soit mêlé d'apparences, de simulacres et de fantômes.

THÉÉTÈTE.

 Sûrement.

L'ÉTRANGER.

 Eh bien, notre sophiste, ne disions-nous pas que tout en se réfugiant dans cette région, il nous soutenait hardiment que le faux n'est point, attendu que ce qui n'est pas ne se peut ni concevoir ni exprimer, et que le non-être ne participe jamais en rien de l'être ?

THÉÉTÈTE.

 En effet.

L'ÉTRANGER.

 Mais à présent nous savons qu'il en participe ; de sorte que notre homme pourrait bien renoncer à se défendre sur ce point ; mais il pourrait nous dire qu'il y a des espèces qui participent du non-être, et d'autres qui n'en participent pas, et que le discours et l'opinion sont du nombre de ces dernières. Ainsi il pourrait soutenir que cet art de faire des simulacres et des fantômes, que nous lui avons attribué, n'existe point, dès que l'opinion et le discours n'ont rien de commun avec le non-être ; car dès qu'il n'y a plus entre eux rien de commun, il ne saurait y avoir de faux. C'est pour cela que nous devons d'abord rechercher ce que c'est que discours, opinion, imagination, afin qu'après avoir bien connu toutes ces choses, nous puissions voir clairement ce qu'elles ont de commun avec le non-être, qu'après l'avoir vu nous démontrions l'existence du faux, et qu'après l'avoir démontrée nous emprisonnions le sophiste dans le faux, s'il le mérite, ou qu'au contraire nous le relâchions, pour le chercher ailleurs.

THÉÉTÈTE.

Vraiment, étranger, il paraît que nous avions bien raison de dire en commençant que le sophiste est une espèce difficile à saisir : il ne lui manque pas de barricades, qu'il faut enlever à mesure qu'il les élève, avant de pouvoir arriver jusqu'à lui. A peine avons-nous forcé celle de la non-existence du non-être, qu'il nous en oppose une autre, et que nous voilà obligés de démontrer que le faux existe et dans le discours et dans l'opinion ; après cela ce sera quelque autre difficulté, puis une autre encore ; il semble que nous n'en verrons jamais la fin.

L'ÉTRANGER.

Il faut avoir bon courage, Théétète, quand on avance toujours, ne fut-ce que pas à pas. Si on se décourage en pareille circonstance, que sera-ce en d'autres où l'on ne pourra faire un pas en avant, et où même on se verra forcé de reculer ? Fiez-vous à de pareilles gens pour prendre jamais une ville, comme dit le proverbe. Mais maintenant, mon cher, dès que nous aurons franchi la difficulté dont tu viens de parler, nous serons maîtres du plus fort retranchement ; le reste sera plus facile et de moindre conséquence.

THÉÉTÈTE.

A la bonne heure.

L'ÉTRANGER.

Examinons donc, comme nous l'avons dit, le discours et l'opinion, afin de tirer à clair la question de savoir s'ils sont l'un et l'autre en contact avec le non-être, ou s'ils sont toujours vrais, et jamais faux ni l'un ni l'autre.

THÉÉTÈTE.

Fort bien.

L'ÉTRANGER.

Eh bien donc faisons pour les mots le même examen que nous avons déjà fait pour les espèces et pour les lettres de l'alphabet : c'est, je crois, par là que nous trouverons ce que nous cherchons.

THÉÉTÈTE.

Qu'est-ce donc que nous devons considérer dans les noms ?

L'ÉTRANGER.

S'ils peuvent tous être associés les uns aux autres, ou si au contraire il n'y en pas qui puissent être mêlés, ou si enfin les uns le peuvent et les autres ne le peuvent pas.

THÉÉTÈTE.

Évidemment il y en a qui le peuvent, et il y en a d'autres qui ne le peuvent point.

L'ÉTRANGER.

Tu veux dire, peut-être, que ceux-là peuvent être associés qui, prononcés de suite, représentent quelque chose à l'esprit, et que ceux-là ne le peuvent dont l'assemblage ne signifie rien.

THÉÉTÈTE.

Que dis-tu là ?

L'ÉTRANGER.

Ce que j'avais cru être ton idée, quand tu m'as fait une réponse qui s'accorde avec ma propre opinion. En effet, nous avons deux espèces de signes pour représenter ce qui est au moyen de la voix.

THÉÉTÈTE.

Comment ?

L'ÉTRANGER.

Ce qu'on appelle les noms et ce qu'on appelle les verbes.

THÉÉTÈTE.

Explique-nous les uns et les autres.

L'ÉTRANGER.

Nous appelons verbe le signe représentatif des actions.

THÉÉTÈTE.

Oui.

L'ÉTRANGER.

Et nom le signe vocal qu'on applique à ceux qui font ces actions.

THÉÉTÈTE.

Certainement.

L'ÉTRANGER.

Maintenant des noms seuls prononcés de suite ne forment pas un discours, et il en est de même d'une suite de verbes sans aucun mélange de noms.

THÉÉTÈTE.

Je ne savais pas cela.

L'ÉTRANGER.

Alors il est clair que tu avais quelque autre motif de me faire tout à l'heure cette réponse qui se trouvait conforme à ma pensée ; car c'était là précisément ce que je voulais dire, que les mots de l'une ou de l'autre espèce, prononcés ainsi de suite, ne font pas un discours.

THÉÉTÈTE.

Comment cela ?

L'ÉTRANGER.

Par exemple, *marche*, *court*, *dort*, et tous les autres mots qui signifient des actions, les prononçât-on tous à la suite les uns des autres, n'en formeront pas davantage un discours.

THÉÉTÈTE.

C'est impossible.

L'ÉTRANGER.

De même si on dit de suite *lion*, *cerf*, *cheval*, et tous les noms qu'on a donnés à ceux qui font des actions, un pareil assemblage ne fait pas non plus un discours. Soit qu'on assemble les mots de la première ou de la seconde de ces deux espèces, ils ne représentent ni action ni inaction, ni existence d'un être non plus que d'un non-être, tant qu'on ne mêle pas les verbes aux noms. Mais dès qu'on les mêle, ils s'accordent, et il en résulte aussitôt un discours, la première combinaison, le premier et le plus petit de tous les discours.

THÉÉTÈTE.

Qu'entends-tu par là ?

L'ÉTRANGER.

Lorsqu'on dit l'*homme apprend*, n'est-ce pas proférer un discours, le plus simple et le plus petit possible ?

THÉÉTÈTE.

Oui.

L'ÉTRANGER.

En effet, on désigne là quelque chose qui est, fut ou sera, et ce n'est pas là seulement nommer, c'est déterminer quelque chose en unissant les noms aux verbes. Aussi nous appelons cela discourir et non pas seulement nommer, et nous avons donné à cette union le nom de discours.

THÉÉTÈTE.

Fort bien.

L'ÉTRANGER.

Et comme il y a des choses qui s'accordent et d'autres qui ne s'accordent pas entre elles, de même il y a des signes vocaux qui ne s'accordent pas les uns avec les autres, et ceux qui s'accordent forment le discours.

THÉÉTÈTE.

J'en conviens.

L'ÉTRANGER.

Encore cette petite observation.

THÉÉTÈTE.

Laquelle ?

L'ÉTRANGER.

Un discours, quand il est, doit nécessairement être dit de quelque chose, et il serait impossible qu'il ne le fût de rien.

THÉÉTÈTE.

Soit.

L'ÉTRANGER.

Il faut aussi que ce discours ait telle ou telle qualité.

THÉÉTÈTE.

Assurément.

L'ÉTRANGER.

Prenons-nous nous-mêmes pour exemples.

THÉÉTÈTE.

Volontiers.

L'ÉTRANGER.

Je vais te proposer un discours dans lequel j'unirai un sujet à une action par l'emploi d'un nom et d'un verbe, et tu me diras de quoi ce discours aura parlé.

THÉÉTÈTE.

Je le veux bien, autant qu'il me sera possible.

L'ÉTRANGER.

Théétète est assis ; voilà, j'espère, un discours qui n'est pas long.

THÉÉTÈTE.

Non, il est d'une longueur fort modérée.

L'ÉTRANGER.

C'est à toi de me dire sur quoi et de quoi parle ce discours.

THÉÉTÈTE.

Il est clair que c'est sur moi et de moi.

L'ÉTRANGER.

Et maintenant cet autre discours ?

THÉÉTÈTE.

Lequel   ?

L'ÉTRANGER.

Théétète, avec lequel je m'entretiens, vole.

THÉÉTÈTE.

Tout le monde reconnaît que c'est aussi sur moi et de moi qu'il parle.

L'ÉTRANGER.

Et chaque discours, avons-nous dit, doit nécessairement avoir telle ou telle qualité.

THÉÉTÈTE.

Oui.

L'ÉTRANGER.

Et quelle est la qualité de chacun de ces deux discours ?

THÉÉTÈTE.

C'est sans doute que l'un est vrai et l'autre faux.

L'ÉTRANGER.

Et le vrai dit ce qui est, comme étant, sur ton compte.

THÉÉTÈTE.

Précisément.

L'ÉTRANGER.

Le faux dit autre chose que ce qui est.

THÉÉTÈTE.

Oui.

L'ÉTRANGER.

Il dit comme étant ce qui n'est pas.

THÉÉTÈTE.

A peu près.

L'ÉTRANGER.

C'est-à-dire ce qui est autre que ce qui est sur ton compte. Car nous avons dit qu'il y a pour chaque chose beaucoup d'être et beaucoup de non-être.

THÉÉTÈTE.

Sans doute.

L'ÉTRANGER.

Quant au second discours que j'ai prononcé sur ton compte, d'abord, d'après les éléments que nous avons trouvés dans la définition du discours, il est impossible qu'il y en ait un plus bref.

THÉÉTÈTE.

Nous en sommes tombés d'accord.

L'ÉTRANGER.

Ensuite il parlait de quelque chose.

THÉÉTÈTE.

Oui, certes.

L'ÉTRANGER.

Et si ce n'est de toi, ce n'est assurément de personne.

THÉÉTÈTE.

Sans contredit.

L'ÉTRANGER.

Mais si ce n'était de rien, ce ne serait pas un discours ; car nous ayons établi comme impossible que ce qui est un discours ne soit dit de rien.

THÉÉTÈTE.

Cela est parfaitement juste.

L'ÉTRANGER.

Mais ce qui est autre par rapport à toi, affirmé de toi comme étant te même, ce qui n'est pas affirmé de toi comme étant, un pareil assemblage de noms et de verbes a tout l'air d'être réellement et véritablement un discours faux.

THÉÉTÈTE.

Rien de plus vrai.

L'ÉTRANGER.

Que dire de la pensée, de l'opinion et de l'imagination ? N'est-il pas maintenant évident que toutes ces choses nous viennent dans l'esprit tantôt vraies, tantôt fausses ?

THÉÉTÈTE.

Comment ?

L'ÉTRANGER.

C'est ce que tu comprendras plus aisément quand tu auras commencé par observer ce que sont ces diverses choses, et en quoi elles diffèrent les unes des autres.

THÉÉTÈTE.

Voyons, apprends-le-moi

L'ÉTRANGER.

Je dis donc que pensée et discours c'est la même chose, avec cette seule différence que le dialogue intérieur de l'âme avec elle-même, et sans la voix, s'appelle pensée.

THÉÉTÈTE.

A merveille.

L'ÉTRANGER.

Tandis que ce qui vient de la pensée par la bouche, avec des sons articulés, s'appelle discours.

THÉÉTÈTE.

Fort bien.

L'ÉTRANGER.

De plus, il y a quelque chose que nous savons être contenu dans le discours.

THÉÉTÈTE.

 Quoi ?

L'ÉTRANGER.

 L'affirmation et la négation.

THÉÉTÈTE.

 Oui.

L'ÉTRANGER.

 Et quand cela se fait en silence dans l'âme par la pensée, n'est-ce pas opinion qu'il faut l'appeler ?

THÉÉTÈTE.

 Assurément.

L'ÉTRANGER.

 Quand, au contraire, cet état de l'âme n'est pas l'ouvrage de la pensée, mais de la sensation, comment le qualifier justement d'un autre nom que de celui d'imagination ?

THÉÉTÈTE.

 D'aucun autre.

L'ÉTRANGER.

 Par conséquent, puisque nous ayons admis un discours vrai et faux, puisque ensuite nous avons trouvé que la pensée est comme le dialogue de l'âme avec elle-même, l'opinion, le terme auquel aboutit la pensée, enfin l'imagination un mélange de sensation et d'opinion, il en résulte que toutes ces diverses choses étant en quelque sorte de la même famille que le discours, doivent quelquefois pouvoir, être fausses.

THÉÉTÈTE.

 Cela est certain.

L'ÉTRANGER.

 Tu vois donc bien que le faux, dans l'opinion et dans le discours, n'a pas été aussi difficile à trouver que nous l'imaginions quand nous appréhendions d'avoir fait, en nous mettant à sa recherche, une entreprise que nous ne pourrions mettre à fin.

THÉÉTÈTE.

 Je le vois.

L'ÉTRANGER.

Ainsi ne perdons pas courage pour le reste. Après avoir éclairci ce point, rappelons-nous les divisions par espèces que nous avons faites antérieurement.

THÉÉTÈTE.

Lesquelles ?

L'ÉTRANGER.

Nous avons distingué deux espèces dans l'art de foire des simulacres, l'art de copier, et l'art que nous avons appelé fantasmagorique.

THÉÉTÈTE.

Il est vrai.

L'ÉTRANGER.

Et nous disions que nous ne savions auquel rapporter le sophiste.

THÉÉTÈTE.

Précisément.

L'ÉTRANGER.

Et comme nous étions dans cette incertitude, les ténèbres ont redoublé à l'apparition de cette maxime, tant débattue par tout le monde, qu'il n'y a pas d'image, de simulacre ni de fantôme quelconque, attendu qu'il est impossible qu'il y ait jamais du faux de quelque manière et en quoi que ce soit.

THÉÉTÈTE.

C'est bien cela.

L'ÉTRANGER.

Or, maintenant que nous avons trouvé le faux, et dans le discours et dans l'opinion, il est possible qu'il y ait des imitations des êtres, et par conséquent un art de tromper.

THÉÉTÈTE.

Cela est possible.

L'ÉTRANGER.

Et nous sommes convenus précédemment que le sophiste appartient à l'une des espèces dont nous venons de parler.

THÉÉTÈTE.

Oui

L'ÉTRANGER.

Recommençons donc la division du genre dont nous sommes partis, et en prenant toujours à droite, suivons le sophiste dans les espèces dont il participe, jusqu'à ce que l'ayant dépouillé de tout ce qu'il a de commun avec d'autres que lui, nous ne laissions à part que sa nature propre, pour la connaître d'abord nous-mêmes, et pour la faire connaître ensuite à ceux dont la tournure d'esprit se prête le mieux à suivre cette méthode.

THÉÉTÈTE.

Fort bien.

L'ÉTRANGER.

Nous avions commencé par la division de l'art de faire et de l'art d'acquérir.

THÉÉTÈTE.

Oui.

L'ÉTRANGER.

Et notre homme nous est apparu d'abord dans l'art d'acquérir, et, de division en division, dans la chasse, dans le combat, dans le négoce, et autres espèces du même genre.

THÉÉTÈTE.

Tout à fait.

L'ÉTRANGER.

Mais maintenant qu'il est contenu dans l'art d'imiter, c'est l'art de faire qu'il nous faut diviser d'abord : car imiter c'est faire ; seulement c'est l'art de faire des simulacres, et non pas les choses elles-mêmes. N'est-il pas vrai ?

THÉÉTÈTE.

Très vrai.

L'ÉTRANGER.

Or l'art de foire a deux parties.

THÉÉTÈTE.

Lesquelles ?

L'ÉTRANGER.

L'une divine, l'autre humaine.

THÉÉTÈTE.

Je n'entends pas encore.

L'ÉTRANGER.

Si nous nous rappelons bien ce que nous avons dit en commençant, nous avons appelé puissance capable de faire, toute puissance qui est cause que ce qui n'était pas arrive à l'être.

THÉÉTÈTE.

Mous nous le rappelons.

L'ÉTRANGER.

Tous les êtres vivants mortels, les végétaux qui croissent, soit d'une racine, soit d'une semence, à la surface de la terre, les corps inanimés fusibles et non fusibles contenus dans son sein, est-ce à quelque autre cause qu'à une puissance divine que nous attribuerons de les avoir fait passer du non-être à l'être ? Ou bien nous en tiendrons-nous à la doctrine et au langage du vulgaire ?

THÉÉTÈTE.

Quelle doctrine ?

L'ÉTRANGER.

Que la nature engendre toutes ces choses en vertu d'une certaine cause mécanique et dépourvue d'intelligence. Dirons-nous, au contraire, que cette cause est douée de raison et d'une science divine qui provient d'un Dieu ?

THÉÉTÈTE.

J'avoue qu'il m'arrive souvent, peut-être par la faute de mon âge, de varier entre ces deux opinions ; mais à présent que je t'observe et que je te soupçonne de croire que tout cela est l'ouvrage d'un Dieu, je me déciderai aussi dans ce sens.

L'ÉTRANGER.

Fort bien, Théétète. Si tu nous paraissais pouvoir jamais adopter le sentiment contraire, nous ne manquerions pas de faire tous nos efforts pour Ramener à notre opinion par le raisonnement et pour forcer ta conviction ; mais, je connais assez ton naturel pour être persuadé que, sans le secours de mes raisonnements, tu es porté de toi-même vers cette doctrine à laquelle tu te prétends entraîné en ce moment ; je ne perdrai donc pas le temps en discours superflus ; je me borne à établir que les choses que l'on dit être produites par la nature, sont l'œuvre d'un art divin ; que celles que les hommes composent avec celles-là, sont l'œuvre d'un art humain, et que par conséquent il y a deux manières de faire, l'une humaine, l'autre divine.

THÉÉTÈTE.

C'est juste.

L'ÉTRANGER.

Maintenant partage en deux chacun de ces deux arts.

THÉÉTÈTE.

Comment ?

L'ÉTRANGER.

Cet art de faire que tu as divisé tout à l'heure dans le sens de la largeur, divise-le maintenant en longueur.

THÉÉTÈTE.

Soit.

L'ÉTRANGER.

Tu obtiendras de la sorte quatre parties en tout, deux qui nous appartiennent, les arts humains, et deux qui appartiennent aux dieux, ou les arts divins.

THÉÉTÈTE.

Oui.

L'ÉTRANGER.

La seconde division que nous avons faite dans l'autre sens, nous donne dans chacune des deux premières parties deux membres distincts ; l'art de faire les choses mêmes, et ce qu'on peut appeler l'art de faire des simulacres ; c'est là la deuxième division qu'on peut introduire dans l'art de faire.

THÉÉTÈTE.

A quoi rapportes-tu ces deux dernières divisions ?

L'ÉTRANGER.

Nous, les autres animaux et les éléments dont se composent les corps, le feu, l'eau, et tous les êtres frères de ceux-là, nous savons que Dieu en est l'artisan et le père. N'est-il pas vrai ?

THÉÉTÈTE.

Oui.

L'ÉTRANGER.

Or chacune de ces choses a ses simulacres qui ne sont pas elle, mais qui sont aussi l'œuvre d'un art divin.

THÉÉTÈTE.

Quels simulacres ?

L'ÉTRANGER.

Ceux que nous offrent les songes, et ceux qui nous apparaissent le jour et que nous nommons fantômes naturels, comme les ombres qui se forment dans le feu, et l'image réfléchie, quand la lumière propre à un corps, rencontrant une lumière étrangère sur une surface brillante et polie, produit une image qui fait sur la vue un effet contraire à l'effet ordinaire.

THÉÉTÈTE.

Ainsi cela fait deux sortes d'ouvrages de l'art divin, savoir la chose même, et l'image qui l'accompagne.

L'ÉTRANGER.

Venons à notre art humain. Ne disons-nous pas qu'il fait une véritable maison au moyen de l'architecture, et que, par la peinture, il en fait une autre, qui est une espèce de songe de notre composition à l'usage des gens éveillés ?

THÉÉTÈTE.

Sans doute.

L'ÉTRANGER.

Toutes nos oeuvres peuvent être rapportées ainsi à nos deux manières de faire ; la chose même à notre art de faire les choses, le simulacre à notre art de faire les simulacres.

THÉÉTÈTE.

Je commence à comprendre. J'établis dans l'art de faire deux divisions, l'une le partage en art divin et art humain, l'autre le partage en art de produire les choses et art de produire des ressemblances.

L'ÉTRANGER.

Or, rappelons-nous que dans l'art de foire des simulacres, nous avons dû distinguer deux espèces, l'art de copier et l'art de la fantasmagorie, si le faux est réellement le faux et doit être mis au nombre des êtres.

THÉÉTÈTE.

Il est vrai.

L'ÉTRANGER.

Nous l'avons reconnu, et par conséquent nous ne devons faire aucune difficulté de compter ces deux espèces.

THÉÉTÈTE.

Oui.

L'ÉTRANGER.

Maintenant il faut remarquer deux parties dans la fantasmagorie.

THÉÉTÈTE.

Lesquelles ?

L'ÉTRANGER.

L'une où l'on se sert d'instruments étrangers, l'autre où l'on est à soi-même son propre instrument.

THÉÉTÈTE.

Comment cela ?

L'ÉTRANGER.

Comme, par exemple, si quelqu'un se sert de son propre corps ou de sa propre voix pour contrefaire ta voix ou ta figure : cette partie de la fantasmagorie s'appellera la mimique.

THÉÉTÈTE.

Oui.

L'ÉTRANGER.

Appelons-la donc de ce nom de mimique. Quant à l'autre, pour le prendre à notre aise, nous la laisserons de côté, abandonnant à quelque autre le soin d'en former un ensemble et de lui donner un nom convenable.

THÉÉTÈTE.

Soit dit ainsi de la première, et passons-nous de la seconde.

L'ÉTRANGER.

Mais la première, Théétète, mérite encore une distinction. Penses-y bien.

THÉÉTÈTE.

Voyons.

L'ÉTRANGER.

Parmi ceux qui imitent, les uns savent ce qu'ils imitent, et les autres ne

le savent pas. Et quelle distinction plus importante pourrions-nous établir que celle de la connaissance et de l'ignorance ?
THÉÉTÈTE.

 Aucune.
L'ÉTRANGER.

 Or l'imitation dont je parlais tout à l'heure est de celles qui supposent la connaissance de ce qu'on imite ; car on ne saurait imiter ta figure et ta personne sans te connaître.
THÉÉTÈTE.

 Non, assurément.

L'ÉTRANGER.

 Mais en est-il de même pour l'image de la justice, et en général de toutes les vertus ? N'y a-t-il pas beaucoup de gens qui, tout en ignorant ce que c'est réellement, et ne s'en formant qu'une opinion, s'appliquent à paraître posséder ces qualités telles qu'ils se les figurent, en les imitant de leur mieux dans leurs discours et dans leurs actions ?
THÉÉTÈTE.

 Oui, certes, il y en a beaucoup.
L'ÉTRANGER.

 Mais est-ce qu'ils échouent tous dans leurs efforts pour paraître justes sans l'être en effet, ou n'est-ce pas le contraire ?
THÉÉTÈTE.

 Tout le contraire, certainement.
L'ÉTRANGER.

 Nous devons donc distinguer ce nouvel imitateur qui ignore l'objet de son imitation, de l'autre qui le connaît.
THÉÉTÈTE.

 Fort bien.
L'ÉTRANGER.

 Mais où prendre pour chacun d'eux un nom qui leur convienne ? Il est évident que ce sera difficile, parce qu'il y avait apparemment chez les hommes d'autrefois pour la division des genres en espèces je ne sais qu'elle aversion ancienne et irréfléchie qui faisait que personne n'entreprenait de diviser ; d'où il est arrivé que nous ne sommes pas riches en noms. Cependant, pour mieux distinguer, dût notre innovation passer pour téméraire, nous appellerons imitation selon l'opinion, celle qui n'est que l'expression d'une opinion dans l'imitateur, et imitation savante celle qui est faite avec science.

THÉÉTÈTE.

Soit.

L'ÉTRANGER.

C'est de la première qu'il faut nous servir ; car nous n'avons pas trouvé que le sophiste fût de ceux qui connaissent, mais plutôt de ceux qui s'en donnent l'apparence.

THÉÉTÈTE.

Oui, vraiment.

L'ÉTRANGER.

Eh bien ! considérons l'imitateur selon l'opinion comme nous ferions un morceau de fer, pour voir s'il est tout d'une pièce ou s'il y a quelque soudure.

THÉÉTÈTE.

Voyons.

L'ÉTRANGER.

Il y en a une et très visible. Entre les imitateurs selon l'opinion, il y a des gens simples qui croient savoir ce dont ils n'ont qu'une opinion. Il y en a d'autres qui laissent assez voir, par la versatilité, de leurs discours, qu'ils soupçonnent et appréhendent fort eux-mêmes de ne rien savoir de ce qu'ils font semblant de savoir auprès des autres.

THÉÉTÈTE.

Nul doute qu'il n'existe de part et d'autre des gens tels que tu les décris.

L'ÉTRANGER.

Eh bien ! ne nommerons-nous pas les uns imitateurs simples, les autres imitateurs ironiques ?

THÉÉTÈTE.

Cela paraît très raisonnable.

L'ÉTRANGER.

Maintenant le dernier de ces deux genres est-il un ou double ?

THÉÉTÈTE.

Vois toi-même.

L'ÉTRANGER.

Je regarde et j'y distingue deux espèces : les uns exercent leur ironie en public dans de longs discours adressés à la multitude ; les autres l'exercent dans le particulier par discours entrecoupés, en forçant leur interlocuteur de se contredire lui-même.

THÉÉTÈTE.

Tu as raison.

L'ÉTRANGER.

Comment nommerons-nous l'homme aux longs discours, politique ou bien discoureur public ?

THÉÉTÈTE.

Appelons-le discoureur public.

L'ÉTRANGER.

Et quel sera le nom de l'autre, sage ou sophiste ?

THÉÉTÈTE.

Pour sage, c'est impossible : nous sommes convenus qu'il ne sait point ; mais, puisque c'est un imitateur du sage, il est naturel qu'il en tire son nom ; et j'aperçois maintenant que voilà celui que nous devons appeler légitimement le vrai sophiste.

L'ÉTRANGER.

Et maintenant ne voulons-nous donc pas, comme précédemment, faire une chaîne des titres du sophiste, en les entrelaçant les uns dans les autres, depuis le premier jusqu'au dernier ?

THÉÉTÈTE.

Très volontiers.

L'ÉTRANGER.

Ainsi, dans la contradiction, l'imitation selon l'opinion dans le genre ironique, imitation dépendante de la fantasmagorie, comprise elle-même dans l'art de foire des simulacres, non pas l'art divin, mais l'art humain, qui produit des prestiges à l'aide des discours, telle est « la race et le sang » du vrai sophiste : on peut le dire en toute assurance.

THÉÉTÈTE.

Cela est certain.